ÎLES FÉROÉ

GUIDE DE VOYAGE 2024

Des fjords au folklore : le guide ultime de la culture, des attractions, des hôtels, de la cuisine et bien plus encore de l'Atlantique Nord

ANDRÉ FROST

Îles Féroé Guide de voyage 2024

Copyright © 2024 Andrea Frost

Tous droits réservés

TABLE DES MATIÈRES

INTRODUCTION 5

   BIENVENUE SUR L'ÎLE FÉROÉ 7

CHAPITRE UN 9

   Histoire et culture 9

      Climat et géographie 11

      Le peuple et le gouvernement 14

      Ressource 18

CHAPITRE DEUX 23

   Planifier votre aventure aux îles Féroé 23

      Quand visiter 27

      Conditions d'entrée et informations sur les visas 30

      Comment aller là 34

      Se déplacer dans les îles 45

      Options d'hébergement 53

      Quoi emballer 57

      Choses à voir et à faire 61

      Budget suggéré 65

      Conseils pour économiser de l'argent 69

CHAPITRE TROIS 79

   Explorer les îles Féroé 79

      Tórshavn : la capitale 83

      Streymoy : l'île aux paysages diversifiés 98

      Explorez la beauté pittoresque d'Eysturoy 109

      Vágar : la porte d'entrée vers la nature 113

      Suduroy : la beauté du Sud 120

      Sandoy : un charme tranquille au milieu de paysages diversifiés 128

      Expériences culturelles 136

      Cuisine 144

CHAPITRE QUATRE _____ 153

Aventures en plein air _____ 153

- Sentiers de randonnée et promenades dans la nature _____ 157
- Observation des oiseaux et observation de la faune _____ 160
- Excursions en Mer et Tours en Bateau _____ 163
- Expériences de pêche _____ 167
- Une semaine au pays des merveilles : itinéraire de 7 jours pour les îles Féroé _____ 175

CHAPITRE CINQ _____ 181

Patrimoine et Histoire _____ 181

- Sites du patrimoine viking _____ 184
- Musées et centres culturels _____ 187
- REPERES historiques _____ 190
- Villages traditionnels féroïens _____ 192

CHAPITRE VI _____ 197

Hébergement _____ 197

- Les 3 meilleurs hôtels modernes _____ 200
- Top 10 des maisons d'hôtes _____ 200
- Les dix meilleurs cottages indépendants _____ 203
- Les dix meilleurs séjours à la ferme _____ 206
- Les dix meilleures auberges économiques _____ 209

CHAPITRE SEPT _____ 213

Informations pratiques _____ 213

- Devise et méthodes de paiement _____ 217
- Langue et communication _____ 220
- Conseils de sécurité _____ 223
- Phrases féroïennes essentielles pour votre voyage _____ 227
- Contacts d'urgence _____ 230
- Communication et accès Internet _____ 233
- Installations sanitaires et médicales _____ 236

Coutumes et étiquette locales	240
Applications utiles, liens de cartes en ligne et sites Web	243

CHAPITRE HUIT — *247*

Durabilité et voyage responsable — *247*

Efforts de conservation de l'environnement	250
Pratiques touristiques responsables	254

CONCLUSION — *259*

INTRODUCTION

Dès que j'ai mis les pieds sur les plages accidentées des îles Féroé, j'ai su que j'étais sur le point de me lancer dans une aventure pas comme les autres. Entouré d'imposantes falaises et de vagues fluides, j'ai été rempli d'étonnement et d'étonnement devant la beauté naturelle qui m'entourait. Je ne savais pas que mon séjour dans cet archipel lointain serait rempli de souvenirs mémorables qui dureraient toute une vie.

Un souvenir me reste : mon ascension vers la vue imprenable au sommet du mont Slaettara sur l'île d'Eysturoy. Guidé par l'attrait de l'aventure et doté d'un sentiment de curiosité, je me suis lancé dans cette promenade difficile, impatient de voir les vues panoramiques qui m'accueillaient au sommet.

Au fur et à mesure que je gravissais la route raide et sinueuse, mon anticipation augmentait à chaque pas. Le terrain difficile a mis ma détermination à rude épreuve, mais j'ai persévéré, motivé par la perspective de belles vues au sommet. Tout au long du voyage, j'ai rencontré des cascades jaillissantes, des moutons en train de paître et le cri lointain des oiseaux de mer se répercutant dans l'air frais de la côte.

Après ce qui m'a semblé une éternité d'escalade, j'arrive au sommet du mont Slaettara. Alors que je me tenais sur le sommet balayé par les vents, entouré de ciel sans limites et de panoramas grandioses de vallées vert émeraude et de fjords bleu azur, j'ai ressenti un grand sentiment d'étonnement et de gratitude. À ce moment-là, j'ai ressenti un lien fort avec la beauté sauvage des îles Féroé, ainsi qu'un profond respect pour la nature.

En regardant les vues panoramiques devant moi, j'ai compris qu'il s'agissait de plus qu'une simple randonnée ; c'était un voyage de découverte de soi et d'exploration. Au milieu de la magnificence de la nature, j'ai découvert la sérénité, l'inspiration et un nouveau sentiment d'émerveillement pour le monde qui m'entoure.

Mon séjour aux îles Féroé a été tout simplement transformateur. Du terrain accidenté à la merveilleuse hospitalité des indigènes, chaque minute passée dans ce coin reculé de la planète a fait une impression inoubliable sur mon esprit. En disant au revoir à ce merveilleux archipel, j'ai emporté avec moi des souvenirs de paysages époustouflants et d'expériences passionnantes, ainsi qu'un respect renouvelé pour la beauté naturelle et l'émerveillement de notre planète.

Pour des vacances extraordinaires, n'allez pas plus loin que les îles Féroé. Cet archipel isolé, avec son relief accidenté, sa riche histoire et son hospitalité conviviale, offre une expérience de découverte unique. Que vous fassiez une randonnée vers des vues spectaculaires, que vous découvriez de petites communautés ou que vous admiriez simplement la beauté naturelle qui vous entoure, les îles Féroé laisseront une marque indélébile dans votre cœur et votre esprit. Alors faites vos bagages, attachez vos chaussures de randonnée et préparez-vous pour un voyage inoubliable dans ce joyau caché de l'Atlantique Nord. Votre incroyable aventure vous attend dans les îles Féroé.

BIENVENUE SUR L'ÎLE FÉROÉ

Les îles Féroé sont nichées dans l'Atlantique Nord, à mi-chemin entre l'Islande et la Norvège. Ce magnifique archipel se compose de 18 îles principales, chacune façonnée par le vent et l'eau en un patchwork de falaises spectaculaires, de vallées verdoyantes et de plages accidentées.

Leurs facteurs de vente distinctifs sont nombreux.

Les panoramas impressionnants comprennent d'imposantes falaises côtières plongeant dans des mers agitées, des vallées verdoyantes descendant vers l'océan et de jolies colonies perchées au bout du monde. Les îles Féroé offrent une beauté à couper le souffle.

Charme intact : Avec une population d'un peu plus de 50 000 habitants, les îles Féroé offrent l'occasion d'échapper à la foule et de s'immerger dans un environnement tranquille et authentique. Explorez de belles villes peintes de couleurs éclatantes, où le temps semble s'être arrêté.

Riche patrimoine culturel : les îles Féroé, imprégnées d'histoire viking et dotées de rituels distincts, offrent un aperçu d'une société fascinante. Découvrez une musique folklorique entraînante, de vieilles sagas transmises de génération en génération et une scène culinaire unique inspirée à la fois de la mer et de la terre.

Parcourez des sentiers balayés par le vent, faites du kayak dans des fjords aux eaux cristallines ou grimpez jusqu'à une vue vertigineuse sur l'immense océan. Les îles Féroé sont un paradis pour les aventuriers.

Des expériences animalières inoubliables incluent l'observation de macareux et d'autres oiseaux marins nichant sur de hautes falaises, de phoques animés se prélassant sur des côtes rocheuses et de magnifiques baleines faisant brèche au loin.

Les îles Féroé offrent une expérience pas comme les autres, avec des paysages spectaculaires, des villages pittoresques, un aperçu d'une culture distincte et d'étonnantes excursions en plein air. Faites vos bagages, profitez de la beauté balayée par le vent et découvrez l'enchantement par vous-même.

CHAPITRE UN

Histoire et culture

L'histoire et la culture des îles Féroé sont aussi diverses et fascinantes que le paysage qui caractérise cette île lointaine. Façonnées par des siècles d'exploration viking, l'histoire nordique et un climat rigoureux, les Féroé offrent un aperçu fascinant d'un pays ancré dans la tradition et l'endurance.

Début de la colonisation et héritage viking : Les îles Féroé sont habitées depuis l'Antiquité, avec des signes d'activité humaine remontant à l'ère viking. Les îles ont d'abord été fondées par des moines irlandais vers 700 CE, puis par des immigrants nordiques vers 800 CE. Ces premiers habitants, en grande partie d'origine scandinave, ont eu une influence indéniable sur l'identité culturelle et linguistique des îles Féroé, formant ainsi un héritage distinctif qui perdure encore aujourd'hui.

Christianisation et influence médiévale : Vers 1000 de notre ère, le roi de Norvège a poussé la conversion au christianisme, ce qui a provoqué de profonds changements dans le tissu religieux et social des îles Féroé. Les reliques d'églises et de monastères médiévaux disséminés sur les îles témoignent de cette période de bouleversements religieux et culturels, démontrant l'impact de la culture européenne médiévale sur la société féroïenne.

Nationalisme et autonomie : Au cours du XIXe siècle, le nationalisme féroïen a émergé, stimulé par un regain d'intérêt pour la langue, la littérature et les traditions des îles. Cette phase de renaissance culturelle, dirigée par des dirigeants tels que Venceslaus Ulricus Hammershaimb, a établi l'identité féroïenne contemporaine et a préparé la voie à l'autonomie au XXe siècle. Après des années de discussions, les îles Féroé ont obtenu l'autonomie sous contrôle danois en 1948, une étape cruciale vers l'autonomie.

Problèmes modernes et vigueur renouvelée : Tout au long des XXe et XXIe siècles, les îles Féroé ont connu plusieurs problèmes économiques et environnementaux, notamment la perte du secteur de la pêche et le danger du changement climatique. Malgré ces obstacles, le peuple féroïen a fait preuve d'une endurance et d'un dynamisme incroyables pour reconstruire son économie, préserver son héritage culturel et saisir les opportunités du monde moderne.

Héritage culturel et traditions : Les îles Féroé sont désormais reconnues pour leur riche héritage culturel, représenté dans leur langue, leur musique, leur danse et leur cuisine. Les chants de danse traditionnels des îles Féroé, connus sous le nom de « kvaeði », ont été transmis de génération en génération. La cuisine féroïenne, qui met l'accent sur les produits locaux tels que le poisson, l'agneau et les pommes de terre, montre le lien entre les insulaires et leur environnement naturel.

Préservation et promotion : les efforts visant à conserver et à promouvoir la culture et l'histoire des îles Féroé se poursuivent, avec des groupes tels que le Comité de la langue féroïenne et l'Agence d'histoire culturelle des îles Féroé qui tentent de protéger l'héritage linguistique et historique des îles. Des festivals et des événements comme Ólavsøka et Jóansøka permettent aux résidents et aux touristes de découvrir par eux-mêmes les coutumes colorées des îles Féroé.

Enfin, l'histoire et la culture des îles Féroé démontrent le caractère résilient, créatif et durable de sa population. Depuis les origines historiques de la découverte viking jusqu'aux problèmes actuels de la mondialisation et du changement climatique, les îles Féroé continuent d'inspirer et d'enchanter ceux qui ont la chance de voir leur charme et leur beauté distinctifs.

Climat et géographie

Les îles Féroé, une collection de 18 pierres précieuses d'émeraude réparties sur l'Atlantique Nord, offrent un paysage pas comme les autres. Imaginez d'immenses falaises se jetant dans des mers bouillonnantes, des vallées peintes en vert et or et de jolies colonies suspendues au bout du monde. Cet archipel, niché entre l'Islande et la Norvège, possède un paysage et un climat à la fois époustouflants et attrayants.

Héritage volcanique :

Ces îles ont été formées il y a des millions d'années par des éruptions volcaniques. Aujourd'hui, ses paysages rudes témoignent de cette histoire mouvementée. Des falaises de basalte abruptes, sculptées par le vent et les vagues, s'élèvent vers le ciel, certaines s'élevant à plus de 2 000 pieds. De profonds fjords créés par d'anciens glaciers bordent le littoral, créant des havres de paix et des amphithéâtres naturels. Slættaratindur, la plus haute montagne, s'élève à 2 887 pieds au-dessus du ciel et offre des vues à couper le souffle.

Une danse entre terre et mer :

Le littoral des îles Féroé s'étend sur 1 117 kilomètres, démontrant l'interaction étroite des îles avec l'eau. D'innombrables criques, criques et récifs créent des ports naturels, et de forts courants maintiennent les mers autour des îles libres de glace toute l'année. Ces courants, associés à la chaleur du Gulf Stream, forment le climat distinctif des îles.

Symphonie subpolaire :

Préparez-vous à une symphonie d'éléments aux îles Féroé. L'environnement marin subpolaire crée un ballet continu de vent, de pluie et de soleil. Attendez-vous à un temps agréable, avec une moyenne d'environ 12°C en été et 5°C en hiver. La pluie est un visiteur régulier, couvrant les îles avec une moyenne de 210 jours de précipitations par an. Malgré les pluies, la lumière du soleil brille, baignant la campagne d'une belle lueur.

Étreinte balayée par le vent :

Le vent, élément omniprésent, sculpte et définit la personnalité des îles. Il siffle au-dessus des vallées, traverse les falaises et dégage l'arôme salé de la mer. Bien que puissant, il est rarement dur, générant une sensation d'énergie énergisante qui revitalise l'esprit.

Mosaïque du microclimat :

Ne vous laissez pas tromper par le climat général. En raison de la diversité géographique des îles et des courants d'eau, des microclimats existent. Les vallées abritées bénéficient de périodes d'ensoleillement plus longues, tandis que les sommets exposés sont confrontés à des conditions plus difficiles. Cette diversité abrite une variété surprenante de flore et d'animaux, notamment des oiseaux de mer nichant sur de hautes falaises, des fleurs sauvages tapissant les prairies et des macareux défilant le long des côtes.

Découvrir les paysages et le climat des îles Féroé ne se limite pas à simplement visiter les sites touristiques. C'est sentir les embruns de l'océan sur votre visage alors que vous vous tenez sur une falaise balayée par le vent, goûter le parfum terreux de la mousse après une averse et écouter la symphonie enchanteresse du vent et des vagues. Il s'agit d'accepter les éléments en constante évolution et d'admirer la beauté délicate qui existe dans ce coin reculé de la planète.

Alors, préparez votre imperméable, attachez vos chaussures de randonnée et préparez-vous à vous laisser emporter par le charme des îles Féroé. Laissez le vent vous diriger, la pluie laver votre âme et le soleil révéler le magnifique paysage qui vous attend. N'oubliez pas que la véritable beauté des Féroé ne réside pas seulement dans leurs paysages spectaculaires, mais aussi dans la force brute et le rythme distinct de leur géologie et de leur climat.

Le peuple et le gouvernement

Une communauté soudée :

Avec une population d'un peu plus de 50 000 habitants, les îles Féroé cultivent une atmosphère communautaire très unie. Les Féroïens sont les descendants d'immigrants vikings arrivés au IXe siècle et qui ont établi une culture forte et tenace. Leur fort sentiment d'identité imprègne tous les aspects de leur existence, comme en témoignent leur langue distincte, leurs traditions vivantes et leur lien profond avec la terre et la mer.

Préserver les traditions :

Ils chérissent la langue féroïenne, qui est étroitement liée au vieux norrois. Les habitants sont extrêmement protecteurs à son égard, garantissant son utilisation dans les écoles, les médias et la vie quotidienne. Les traditions se transmettent de génération en génération, le folklore, les chants et les contes jouant un rôle important. Ólavsøka, un événement haut en couleur avec des courses de bateaux traditionnelles, de la musique et de la danse, met en valeur cette préservation culturelle.

Terre et mer : des vies liées

Le mode de vie des Féroé est inextricablement lié à la terre et à l'eau. La pêche, pratique historique, reste une activité économique clé, affectant les relations des populations avec l'eau. La durabilité est fermement établie, avec des techniques de pêche éthiques maintenant un équilibre délicat entre tradition et préservation de l'environnement. Les insulaires élèvent également des moutons et utilisent leur laine pour fabriquer des vêtements et des objets artisanaux traditionnels.

Autodétermination et autonomie :

Les îles Féroé jouissent d'une grande autonomie, bien qu'elles fassent partie du Royaume du Danemark. Depuis 1948, ils se gouvernent eux-mêmes dans des domaines comme la pêche, les impôts et la culture. Cette quête d'autodétermination témoigne de leur volonté de conserver leur propre identité et de construire leur destin. Le drapeau des îles Féroé, qui représente un drakkar viking doré sur fond bleu, représente leur fort attachement à leur passé et leur désir de liberté.

Une démocratie parlementaire :

Le système politique des îles Féroé est une démocratie parlementaire. Le Løgting, l'un des parlements les plus anciens du monde, possède le pouvoir législatif. Des groupes politiques aux idéologies opposées s'engagent dans des conflits houleux, décidant du destin des îles. Cette participation civique vigoureuse reflète le fort esprit démocratique du peuple féroïen.

Regard vers l'avenir :

Les îles Féroé se trouvent à la croisée des chemins. Tout en adoptant des méthodes environnementales et des avancées technologiques, ils protègent avec passion leur histoire traditionnelle et leur mode de vie distinct. L'objectif d'une plus grande autonomie reste une question clé, tout comme les différends persistants concernant leurs relations avec le Danemark.

Connexion avec les gens :

Discutez avec les habitants pour avoir une véritable compréhension des Féroé. Visitez un centre culturel, discutez avec un pêcheur ou participez à une visite guidée dirigée par un insulaire enthousiaste. Leurs contes, coutumes et points de vue vous permettront de pénétrer au cœur de cette communauté extraordinaire. N'oubliez pas que les Féroïens sont le cœur et l'âme des îles, avec une convivialité et une hospitalité aussi enchanteresses que les paysages eux-mêmes.

Alors, plongez dans la tapisserie complexe de la culture et de la gouvernance des îles Féroé. Découvrez leurs traditions profondément enracinées, leurs aspirations à l'autodétermination et leur vif esprit démocratique. Comprendre ces éléments vous aidera à apprécier la nature distinctive de cette merveilleuse partie de la planète.

Ressource

Les îles Féroé, une chaîne d'îles émeraude réparties à travers l'Atlantique Nord, peuvent sembler lointaines et aux ressources limitées à première vue. Pourtant, sous leurs falaises balayées par les vents et leurs panoramas spectaculaires, se cache une richesse de ressources naturelles et culturelles qui nourrissent leurs populations depuis des générations. Voici un aperçu complet des richesses qui alimentent l'économie et l'esprit des îles Féroé :

L'or liquide, la générosité de l'océan :

Le mode de vie des Féroé est associé à l'eau. Les cours d'eau environnants, riches en poissons, sont surnommés « l'or liquide ». Les techniques de pêche durables, fermement ancrées dans la culture, ont assuré la viabilité à long terme de cette ressource essentielle. La morue, le saumon et les poissons pélagiques représentent la majorité des captures, ce qui soutient un secteur de la pêche dynamique et exporte des fruits de mer de haute qualité dans le monde entier. Une aquaculture responsable, en particulier l'élevage du saumon, renforce l'ingéniosité des insulaires.

Au-delà de la mer : les trésors terrestres

Si l'eau est au premier plan, la terre apporte ses richesses. Les vallées verdoyantes offrent de bonnes terres pour l'élevage de moutons, qui remonte aux immigrants vikings. Les moutons des îles Féroé, bien adaptés à un environnement rigoureux, génèrent une laine connue pour sa chaleur et sa durabilité. Cette ressource renouvelable est utilisée pour fabriquer des vêtements traditionnels, des tricots et des articles d'artisanat, démontrant l'ingéniosité des insulaires.

Énergie renouvelable : exploiter les éléments

Les îles Féroé sont spécialisées dans l'exploitation de l'énergie éolienne. De nombreux parcs éoliens parsèment le terrain, fournissant plus de la moitié de leur puissance – un exploit impressionnant dans un pays réputé pour ses vents violents. L'hydroélectricité et l'énergie marémotrice s'ajoutent à leur portefeuille d'énergies renouvelables, démontrant leur engagement en faveur de la durabilité et de l'ingéniosité.

Potentiel caché : les richesses minérales sous les pieds

Des gisements potentiels de pétrole et de gaz existent sous les volcans qui forment les îles. Cependant, l'exploration et l'extraction restent des sujets de discorde, les préoccupations environnementales et le désir de préserver des paysages vierges étant au centre des discussions. La gestion prudente et durable de toutes les richesses minières potentielles sera essentielle pour l'avenir de l'île.

La capitale culturelle est une richesse de traditions

Au-delà des ressources naturelles, les Féroé possèdent une richesse de capital culturel. Leur langue distincte, étroitement liée au vieux norrois, fonctionne comme un musée vivant de leur passé viking. Des traditions narratives vibrantes transmises de génération en génération préservent le folklore et l'histoire. Des artistes qualifiés utilisent des ressources locales comme la laine et le bois flotté pour produire de superbes objets artisanaux qui préservent et mettent en valeur leur histoire culturelle.

La débrouillardise fait partie intégrante du tissu de la vie

Le peuple féroïen est intrinsèquement ingénieux, influencé par son environnement difficile mais abondant. Ils respectent la durabilité, ce qui implique une utilisation judicieuse des ressources et la garantie de leur disponibilité à long terme. Leur inventivité se reflète dans leurs tactiques de pêche, leurs efforts en matière d'énergies renouvelables et leur artisanat traditionnel. Cette ingéniosité est une caractéristique déterminante de leur personnalité et un facteur clé dans leur capacité à s'épanouir dans un environnement distant et exigeant.

Le tourisme responsable contribue à l'avenir

Le tourisme est une industrie en plein essor aux îles Féroé. Les visiteurs peuvent aider les îles en adoptant des habitudes de voyage responsables. En embauchant des guides locaux, en soutenant les entreprises durables et en préservant l'environnement fragile, le tourisme soutient à la fois l'économie et l'identité distinctive des îles.

Ainsi, lorsque vous visitez les îles Féroé, regardez au-delà des magnifiques paysages pour apprécier l'abondance des ressources qui les soutiennent. De la richesse de la mer aux trésors culturels qu'ils chérissent, les habitants des îles Féroé font preuve d'une grande ingéniosité, leur permettant de prospérer dans un environnement difficile. Nous pouvons contribuer à assurer le succès continu de ce magnifique archipel en pratiquant un tourisme responsable et en respectant leur culture.

CHAPITRE DEUX

Planifier votre aventure aux îles Féroé

Les îles Féroé, avec leurs falaises époustouflantes, leurs villages pittoresques et leur culture dynamique, attirent les aventuriers en quête d'une expérience exceptionnelle. Cependant, avant de vous lancer dans votre voyage, une préparation rigoureuse est essentielle pour garantir une expérience fluide et enrichissante. Attachez votre ceinture, aventuriers en quête de voyage, alors que nous explorons les étapes essentielles pour transformer votre idéal des îles Féroé en une réalité bien-aimée.

Quand doit-on aller:

Le meilleur moment pour vous est déterminé par vos choix. L'été (juin-août) apporte un temps agréable, de longues heures de clarté (pensez 20 !), idéales pour l'exploration et des événements passionnants. Cependant, attendez-vous à une augmentation des prix et du nombre de personnes. Les saisons intermédiaires (avril-mai et septembre-octobre) offrent du beau temps, moins de monde et des prix réduits. Bravez les mois les plus froids pour admirer de magnifiques paysages hivernaux, d'étonnants spectacles d'aurores boréales et la migration des macareux.

S'y rendre et s'y déplacer :

Des vols relient les îles Féroé aux principales villes européennes, y compris des liaisons depuis l'Amérique du Nord. Des vols directs vers le Danemark et l'Islande sont également possibles. Louer un véhicule sur les îles offre de la liberté et de belles promenades pittoresques. Des bus relient les principales villes, tandis que des bateaux permettent de parcourir les îles, l'expérience traditionnelle des îles Féroé. N'oubliez pas que les distances de conduite sont courtes, mais que les routes sinueuses nécessitent une attention particulière.

Où rester?

Les choix d'hébergement comprennent de belles maisons d'hôtes, des séjours à la ferme, des hôtels contemporains et des cottages indépendants. Tórshavn, la capitale, présente la plus grande diversité, mais les petites communautés offrent une expérience plus privée. Tenez compte de votre budget, de votre style de vacances et de l'emplacement prévu avant de prendre votre décision. Il est indispensable de réserver à l'avance, notamment en haute saison.

À voir et à faire :

Bien que petites, les îles Féroé offrent une richesse d'expériences. Partez en randonnée jusqu'à des points de vue spectaculaires tels que Slaettaratindur et la cascade de Mulafossur. Découvrez de jolis villages tels que les maisons aux toits de gazon caractéristiques de Saksun, le port naturel de Tjørnuvík et la grotte unique de Gjogv. Pour un regain d'adrénaline, faites du kayak à travers des fjords aux eaux cristallines ou faites une excursion en bateau pour voir les falaises d'oiseaux de Vestmanna remplies de macareux. Visitez le musée national de Tórshavn, assistez à un spectacle de musique traditionnelle ou dégustez des spécialités locales comme le poisson séché et la soupe à la tête de mouton.

Emballage essentiel :

Préparez-vous aux conditions météorologiques changeantes : emportez des couches, telles que des vestes imperméables, des chaussures de randonnée robustes, des vêtements chauds et des vêtements de pluie. N'oubliez pas votre chapeau, vos gants et vos lunettes de soleil. Même si les villes des îles Féroé sont contemporaines, apportez un adaptateur si vos appareils électriques l'exigent. Apportez votre esprit d'aventure, un appareil photo pour enregistrer les environs à couper le souffle et un esprit ouvert pour profiter de la culture locale distinctive.

Conseils de planification :

Monnaie : la couronne féroïenne (DKK) est fréquemment reconnue, bien que les cartes de crédit fonctionnent également bien.

Langue : La plupart des insulaires parlent anglais, même si l'apprentissage de quelques mots de base en féroïen peut être bénéfique.

Visas : La plupart des pays n'ont pas besoin de visa pour de courtes visites. Avant votre voyage, assurez-vous de vérifier les restrictions.

Sécurité : Les îles Féroé sont l'un des pays les plus sûrs au monde. Attention cependant aux fortes rafales et aux conditions météorologiques inattendues, en particulier lors d'une randonnée.

Tourisme respectueux : Soyez conscient de l'environnement et de la culture locale. Ne laissez aucune trace, ne faites pas de mal aux animaux et habillez-vous modestement lorsque vous visitez les églises.

Au-delà du guide :

Planifier votre agenda est essentiel, mais faites de la place à la spontanéité. Engagez des discussions avec les habitants, découvrez des trésors cachés hors de l'itinéraire habituel et profitez de l'inattendu. N'oubliez pas que le véritable enchantement des îles Féroé ne réside pas dans les vues, mais dans l'expérience : admirez la beauté balayée par le vent, connectez-vous avec les habitants sympathiques et laissez les îles vous raconter leurs histoires.

Alors, avec votre plan en place et votre âme remplie d'anticipation, partez pour votre voyage aux îles Féroé. N'oubliez pas que le voyage est tout aussi essentiel que le but, et que sur ces îles intrigantes, chaque détour du chemin mène à une découverte. Laissez les îles Féroé opérer leur magie autour de vous, produisant des expériences qui dureront toute une vie.

Quand visiter

Les îles Féroé, une mosaïque d'îles vertes situées à travers l'Atlantique Nord, offrent une expérience unique en son genre toute l'année. Cependant, le meilleur moment pour visiter est déterminé par vos intérêts particuliers et la météo. Examinons les goûts distincts de chaque saison pour vous aider à planifier une aventure féroïenne agréable :

Symphonie d'été (juin à août) :

Avantages : températures douces (60-70°F), heures de clarté prolongées (jusqu'à 22 heures !), festivals animés, adaptés aux activités de plein air comme la randonnée et le kayak, croisières en bateau accessibles vers des îles lointaines et oiseaux très occupés, y compris les macareux se reproduisant sur falaises.

Inconvénients : La haute saison peut entraîner des prix plus élevés et davantage de monde, un temps incertain avec des averses de pluie intermittentes et parfois de fortes rafales.

Tranquillité de la saison intermédiaire (avril-mai et septembre-octobre) :

Avantages : Des températures agréables, moins de monde et des tarifs moins chers, des heures de clarté plus longues, une mer plus calme pour les excursions en bateau, un magnifique feuillage d'automne en septembre/octobre et la possibilité d'observer les aurores boréales à partir de septembre.

Inconvénients : Certaines attractions s'arrêtent fin septembre, le temps peut être imprévisible en raison de la pluie et du vent, et les heures de clarté sont limitées en octobre.

L'étreinte sauvage de l'hiver (novembre à mars) :

Avantages : des vues enneigées spectaculaires, des spectacles époustouflants d'aurores boréales (septembre-avril), moins de touristes et des tarifs plus bas, un environnement agréable dans les communautés et des possibilités uniques d'observation des oiseaux en hiver.

Inconvénients : températures froides (entre 2 et 6°C), heures d'ensoleillement réduites (jusqu'à 4 à 5 heures en décembre), plusieurs sites touristiques fermés, vents violents et possibilité de tempêtes de neige, et lumière du jour restreinte pour les activités de plein air.

Dévoilement de vos préférences :

Aventurier : profitez au maximum des longues journées d'été en faisant de la randonnée, du kayak et des croisières en bateau. Envisagez des saisons intermédiaires pour des eaux plus calmes et peut-être des tarifs réduits.

Passionné de culture : assistez à des festivals d'été ou à d'agréables soirées d'hiver avec de la musique et des contes locaux.

Photographe animalier : photographiez les macareux en été, les paysages enneigés de l'hiver ou les aurores boréales magiques (septembre-avril).

Voyageurs à petit budget : les saisons intermédiaires et l'hiver offrent des tarifs réduits et moins de visiteurs.

Chercheur de romance : installez-vous confortablement dans la beauté paisible de l'hiver ou passez de longues heures d'été à explorer ensemble.

Embrassez l'inattendu :

N'oubliez pas que les îles Féroé sont connues pour leur météo capricieuse. Emportez plusieurs couches et soyez prêt à tout, quelle que soit la saison. Acceptez la beauté balayée par le vent, le ciel dramatique et les éléments en constante évolution ; ils font tous partie du charme des îles Féroé.

Au-delà des saisons :

Si chaque saison a son goût, le charme des îles Féroé les transcende tous. Leur riche héritage culturel, leurs gens sympathiques et leurs paysages époustouflants restent constants, prêts à être découverts toute l'année. Choisissez une période qui correspond à vos préférences et soyez prêt à tomber amoureux de cet archipel sauvage et spectaculaire.

Alors, planifiez vos vacances aux îles Féroé en tenant compte de vos intérêts spécifiques et de ces conseils saisonniers. N'oubliez pas que le meilleur moment pour visiter est celui où votre cœur désire vivre une expérience pas comme les autres, et les îles Féroé sont toujours prêtes à vous accueillir à bras ouverts, avec des vents violents et des paysages époustouflants.

Conditions d'entrée et informations sur les visas

Vous rêvez de visiter les îles Féroé, un magnifique archipel de l'Atlantique Nord ? Comprendre les procédures d'entrée et les lois sur les visas est essentiel pour un voyage sans stress. Attachez votre ceinture, globe-trotters, et découvrez les tenants et les aboutissants de l'entrée dans ce lieu fascinant.

Qui a besoin d'un visa ?

La plupart des détenteurs de passeports sont ravis ! Les citoyens de près de 100 pays, dont la plupart des pays européens et nord-américains, peuvent visiter les îles Féroé sans visa pour des séjours allant jusqu'à 90 jours sur 180 jours. Cela élimine le besoin de longues candidatures, vous permettant ainsi de vous concentrer sur l'organisation de vacances agréables.

Vérifiez les exceptions

Même si la politique d'exemption de visa s'applique à la grande majorité des passagers, il existe quelques exceptions. Les citoyens algériens, chinois, indiens, nigérians, russes et vietnamiens doivent obtenir un visa, même pour de courtes visites. Avant de faire vos bagages, vérifiez bien les sources d'information officielles, surtout si votre nationalité ne fait pas partie de la zone sans visa.

Documents importants:

Même si vous n'avez pas besoin de visa, munissez-vous des documents suivants pour le contrôle aux frontières :

Passeport valide : Votre passeport doit être valable au moins trois mois après votre date de départ de l'espace Schengen, qui comprend les îles Féroé.

Preuve de poursuite du voyage : présentez une preuve de votre départ prévu des îles Féroé, comme un billet d'avion aller-retour ou une réservation de ferry.

Preuve de fonds suffisants : Montrez que vous disposez de suffisamment de moyens financiers pour soutenir votre séjour. Cela peut inclure des relevés bancaires ou des documents d'assurance voyage.

Considérations supplémentaires:

Titulaires d'un visa Schengen : ne vous y trompez pas ! Un visa Schengen permet de voyager dans de nombreux pays européens mais pas dans les îles Féroé. Ils ont un système d'immigration différent.

permis de séjour : si vous disposez d'un permis de séjour d'un pays de l'espace Schengen, vous pouvez l'utiliser pour visiter les îles Féroé pendant de courtes périodes sous certaines restrictions. Pour plus d'informations, rendez-vous sur les documents officiels.

Exigences sanitaires : il n'existe actuellement aucune vaccination obligatoire nécessaire pour entrer aux îles Féroé. Cependant, il est toujours suggéré de suivre régulièrement les vaccins.

Rester informé :

Les critères d'entrée et les règles de visa sont susceptibles de changer, alors restez informé des informations les plus récentes provenant de sources officielles.

Site Web du ministère des Affaires étrangères des îles Féroé : https://visitfaroeislands.com/en/plan-your-stay/before-you-arrive-in-the-faroe-islands/passport-and-visa.

Visitez le site Web de l'ambassade du Danemark pour les demandes de visa : https://visitfaroeislands.com/en/plan-your-stay/before-you-arrive-in-the-faroe-islands/passport-and-visa

Au-delà des formalités :

N'oubliez pas qu'une arrivée en douceur n'est que le début. Respectez la culture, l'écologie et le mode de vie unique des îles Féroé. Laissez leur environnement magnifique, leurs traditions vivantes et leur hospitalité chaleureuse créer des expériences inoubliables.

Ainsi, avec vos documents et informations en main, vous pouvez commencer en toute confiance votre voyage aux îles Féroé. N'oubliez pas que la procédure d'admission vise à offrir une expérience sûre et agréable à tous. En adhérant aux normes et réglementations, vous pouvez contribuer à une bonne expérience pour vous-même et pour les insulaires. Maintenant, sortez et découvrez la merveille qui vous attend !

Comment aller là

Les îles Féroé, un archipel de 18 joyaux d'émeraude disséminés dans l'Atlantique Nord, attirent les aventuriers avec leurs falaises époustouflantes, leurs communautés pittoresques et leur culture colorée. Cependant, avant de vous laisser emporter par leur pouvoir, vous devez d'abord apprendre comment y parvenir. Attachez votre ceinture, globe-trotters, alors que nous empruntons de nombreux chemins vers cet endroit intéressant.

Prendre l'avion:

Survoler le ciel est la méthode la plus rapide et la plus pratique pour se rendre aux îles Féroé. L'aéroport de Vágar (FAE), situé sur l'île de Vágar, est le seul aéroport commercial de l'archipel. Voici comment prendre son envol :

Des compagnies aériennes comme Atlantic Airways, Norwegian Airlines et Widerøe proposent des vols directs vers l'aéroport de Vágar depuis de nombreuses destinations européennes, notamment Copenhague, Reykjavik, Bergen, Édimbourg et Paris.

Vols de correspondance : Pour ceux qui voyagent de plus loin, les vols de correspondance via ces villes européennes permettent un accès simple aux îles Féroé. Les grandes compagnies aériennes telles que British Airways, KLM et Lufthansa proposent des liaisons depuis l'Amérique du Nord et d'autres destinations.

N'oubliez pas que les choix de vols et les tarifs changent en fonction de la saison, il est donc fortement suggéré de réserver à l'avance, en particulier pendant la haute saison (juin-août).

Embrasser la mer :

Les ferries offrent une option incroyable aux personnes à la recherche d'une expérience plus pittoresque et plus engageante. Smyril Line, la compagnie nationale de ferry, propose deux itinéraires :

Hirtshals (Danemark) - Tórshavn (Îles Féroé) : Cette croisière de 36 heures vous permet de voir l'étendue de l'Atlantique Nord et les îles Féroé apparaître à l'horizon et de découvrir les installations à bord comprenant des restaurants, des boutiques et même un casino.

Cette croisière de 17 heures de Seyðisfjörður (Islande) à Tórshavn (Îles Féroé) offre une vue imprenable sur la côte sauvage de l'Islande, ainsi que la possibilité d'observer des baleines et des dauphins en pleine mer.

Considérations sur les ferries :

Bien que pittoresques, les bateaux sont souvent plus lents et plus coûteux que les avions. Ils offrent cependant une expérience de voyage unique ainsi que la possibilité de transporter une voiture.

Réservez vos billets de bateau à l'avance, surtout en haute saison, car la disponibilité peut être limitée.

Choisissez votre itinéraire :

La meilleure méthode pour se rendre aux îles Féroé dépend de votre budget, de vos choix de voyage et de la durée de votre trajet préférée. Si vous appréciez la vitesse et la commodité, voler est la voie à suivre. Pensez à utiliser un bateau pour une balade plus relaxante et pittoresque.

Au-delà du voyage :

Quelle que soit la manière dont vous arrivez, les îles Féroé vous accueilleront avec des paysages époustouflants, une hospitalité authentique et une culture distincte à découvrir. N'oubliez pas que le voyage est tout aussi important que l'objectif, alors profitez de chaque minute de votre voyage.

Conseils supplémentaires :

Comparez les tarifs des vols et des ferries sur de nombreux sites Web et plateformes de réservation pour découvrir les meilleures réductions.

Planifiez votre voyage pendant les saisons intermédiaires (avril-mai et septembre-octobre) pour des tarifs éventuellement moins chers et moins de monde.

Réservez votre hébergement à l'avance, particulièrement en haute saison, car les possibilités peuvent être limitées.

Préparez-vous à des conditions météorologiques incertaines en emportant des couches, des vêtements imperméables et des chaussures solides.

Respectez la culture, l'écologie et le mode de vie unique des îles Féroé.

Avec ces connaissances et un sentiment d'aventure, vous êtes prêt à commencer vos merveilleuses vacances aux îles Féroé. Alors choisissez votre itinéraire, faites vos bagages et préparez-vous à être enchanté par la beauté de ce merveilleux archipel !

Par avion

Les îles Féroé, un superbe patchwork de 18 îles accidentées réparties dans l'Atlantique Nord, attirent les aventuriers avec leurs falaises balayées par les vents, leurs communautés pittoresques et leur culture colorée. Même si les bateaux offrent une balade magnifique, l'avion reste la méthode la plus rapide et la plus confortable pour visiter cet archipel fascinant. Attachez votre ceinture, globe-trotters, alors que nous explorons le ciel et révélons les nombreux chemins menant aux Féroé par avion.

Prendre son envol avec des connexions directes :

Les vols directs sont idéaux pour voyager rapidement et sans tracas. L'aéroport de Vágar (FAE), situé sur l'île de Vágar, est le seul aéroport commercial des Féroé. Voici comment éviter les vols de correspondance et vous rendre directement sur votre île paradisiaque :

Hubs européens : plusieurs compagnies aériennes proposent des vols directs depuis les principales villes européennes, notamment :

Atlantic Airways opère des vols au départ de Copenhague, Reykjavik, Bergen, Édimbourg et Paris.

Norwegian Airlines (SAS) propose des vols directs au départ de Copenhague.

Widerøe propose des vols directs depuis Bergen.

N'oubliez pas qu'il est essentiel de réserver tôt, en particulier pendant la haute saison (juin-août), pour garantir le vol que vous avez choisi et peut-être obtenir de meilleures réductions.

Explorer plus loin : les vols de correspondance

Les vols de correspondance via les hubs européens permettent aux passagers d'Amérique du Nord, d'Asie et d'autres pays d'atteindre facilement les Féroé. Considérez les grandes compagnies aériennes suivantes pour des correspondances fluides :

British Airways : connexion à Londres Heathrow ou Londres Gatwick.

KLM : Connectez-vous à Amsterdam Schiphol.

Lufthansa : Connectez-vous via Francfort.

Autres compagnies aériennes : Selon votre origine et vos préférences, plusieurs autres compagnies aériennes proposent des liaisons via différents hubs européens.

Considérations avant la connexion :

Temps d'escale : sélectionnez des vols de correspondance avec des escales appropriées pour minimiser la congestion de l'aéroport et garantir un voyage en douceur.

Transfert de bagages : assurez-vous que vos vols de correspondance figurent sur le même billet pour faciliter un transfert de bagages en douceur.

Exigences de visa : Si votre nationalité nécessite un visa Schengen, assurez-vous d'avoir le visa approprié pour vos points de transit.

Planifiez votre vol :

Comparez les prix des billets d'avion : utilisez les agences de voyages sur Internet et les sites Web des compagnies aériennes pour comparer les prix, les itinéraires et les vols de correspondance.

Envisagez de voyager pendant les saisons intermédiaires (avril-mai et septembre-octobre), qui peuvent offrir de meilleurs prix et moins de monde que la haute saison.

Réservez tôt : surtout pendant la haute saison, réserver vos vols longtemps à l'avance garantit la disponibilité et, peut-être, des prix moins chers.

Au-delà du vol :

Votre vol n'est que le début de votre voyage aux îles Féroé. Se souvenir de:

Réserver un hébergement : les îles populaires comme Tórshavn ont tendance à se remplir rapidement, il est donc conseillé de réserver à l'avance.

Préparez-vous pour des conditions météorologiques inattendues : des couches, des vêtements imperméables et des chaussures solides sont nécessaires pour explorer les paysages spectaculaires des îles.

Embrassez l'esprit des îles Féroé : respectez leur culture, leur écologie et leur mode de vie distinctif pour vous connecter pleinement au cœur des îles.

Alors déployez vos ailes, choisissez votre parcours et que l'aventure commence ! Avec une préparation précise et un sentiment d'émerveillement, votre voyage aux îles Féroé sera le début d'une aventure extraordinaire remplie de paysages époustouflants, d'une hospitalité amicale et de souvenirs inoubliables.

Par la mer

Les îles Féroé, archipel émeraude s'étendant sur l'Atlantique Nord, offrent une expérience unique et remarquable. Si voler au-dessus des airs procure de la vitesse, voyager sur l'eau vous permet d'établir une connexion plus profonde avec ces îles enchanteresses. Considérez le vaste océan qui s'étend devant vous, le vent salé dans vos cheveux et l'excitation de voir le majestueux littoral des îles Féroé apparaître à l'horizon. Attachez votre ceinture, explorateurs marins, alors que nous explorons les sentiers et les délices qui vous attendent lors de votre voyage naval vers les îles Féroé.

Tracer votre parcours à l'aide de Smyril Line :

Smyril Line, l'opérateur national de ferry, est votre skipper fiable lors de votre voyage maritime. Deux approches majeures vous attendent :

Hirtshals (Danemark) à Tórshavn (Îles Féroé) : Cette croisière de 36 heures vous plonge dans la grandeur de l'Atlantique Nord. Imaginez-vous contempler des paysages marins infinis, observer des dauphins espiègles et voir les îles Féroé émerger à l'horizon, promesse d'aventure à venir. À bord, vous trouverez des hébergements confortables, des restaurants, des magasins et même un casino pour vous divertir.

Ce voyage de 17 heures de Seyðisfjörður (Islande) à Tórshavn (Îles Féroé) offre une vue imprenable sur la côte islandaise et l'océan ouvert. Admirez le paysage volcanique de l'Islande en partant, puis réjouissez-vous de l'impatience à l'approche des

Féroé. Faites attention aux baleines et aux dauphins qui nagent à côté du navire.

Au-delà du voyage :

Bien que les ferries mettent plus de temps que les avions, considérez les avantages distincts suivants :

Immersion panoramique : observez l'étendue de l'océan, les conditions météorologiques changeantes et le magnifique littoral des îles Féroé émerger progressivement.

Profitez des installations à bord, rencontrez d'autres touristes et observez peut-être la vie marine comme les baleines et les dauphins.

Transport en véhicule : Si vous voyagez en bateau, vous pouvez apporter votre automobile avec vous, vous donnant ainsi plus de liberté pour explorer les îles.

Planifiez votre aventure maritime :

Réservez tôt : les ferries se remplissent rapidement, surtout pendant la haute saison (de juin à août). Réservez votre créneau longtemps à l'avance.

Comparez les prix : utilisez les plateformes Internet et les sites Web des compagnies de ferry pour comparer les coûts et les itinéraires qui répondent à vos demandes.

Envisagez de voyager pendant les saisons intermédiaires (avril-mai et septembre-octobre), qui peuvent offrir des prix moins chers et moins de monde.

Préparez-vous pour des conditions météorologiques inattendues : des couches, des vêtements imperméables et des chaussures robustes sont nécessaires pour visiter les îles en toute saison.

Embrasser l'esprit féroïen :

N'oubliez pas que votre aventure sur l'eau n'est que le début. Pour bien vous connecter au cœur des Îles Féroé, pensez à :

Réserver un hébergement : les îles populaires comme Tórshavn ont tendance à se remplir rapidement, il est donc conseillé de réserver à l'avance.

Respectez l'environnement : Les îles Féroé sont réputées pour la beauté de leurs paysages et leurs méthodes écologiques. Faites attention à votre influence et respectez les restrictions locales.

Engagez-vous avec les habitants : saisissez l'opportunité d'interagir avec les insulaires, découvrez leur culture et trouvez des trésors cachés.

Alors embarquez pour votre voyage nautique, laissez-vous guider par l'eau et soyez prêt à vous laisser charmer par la beauté des îles Féroé. Le voyage par eau est plus qu'un simple moyen de transport ; c'est une expérience en soi, offrant une perspective unique sur ces îles fascinantes ainsi qu'un lien plus fort avec leur beauté brute et leur caractère dynamique. Avec une préparation minutieuse et un cœur ouvert, votre excursion en mer aux îles Féroé restera dans les mémoires comme un voyage de découverte et d'étonnement.

Se déplacer dans les îles

Vous êtes donc arrivé aux îles Féroé, impatients d'explorer les merveilles de leurs falaises balayées par les vents, de leurs villages pittoresques et de leur culture colorée. Mais comment contourner ces diamants émeraude disséminés dans tout l'Atlantique Nord ? Attachez votre ceinture, voyageurs intrépides, alors que nous vous révélons les nombreuses méthodes pour vous déplacer dans les îles Féroé, garantissant une exploration sans faille et des expériences merveilleuses.

Prendre la route : louer une voiture

La location d'un véhicule est une option populaire pour ceux qui recherchent une indépendance et une flexibilité totales. Grâce à un réseau de routes bien entretenues, aussi petites soient-elles et souvent pittoresques, vous pouvez voyager à votre guise, en vous arrêtant devant des panoramas secrets, de jolies villes et des trésors naturels spectaculaires. Souviens-toi:

Réservez à l'avance : les locations de voitures sont très demandées, particulièrement pendant la haute saison. Sécurisez votre voiture tôt pour éviter toute déception.

Tenez compte de la taille et du type : les automobiles compactes sont idéales pour les itinéraires limités, tandis que les SUV offrent plus de confort et d'espace pour les bagages.

Stations-service : bien que largement accessibles, planifiez vos déplacements et faites le plein fréquemment, notamment en dehors des grandes villes.

Respectez les limitations de vitesse en obéissant aux panneaux de signalisation et en conduisant doucement, en particulier sur les itinéraires courbes et par temps inattendu.

Excursions d'îles en ferry :

Si conduire n'est pas votre truc ou si vous souhaitez visiter des îles plus petites et sans voiture, les bateaux sont une option pittoresque et pratique. L'opérateur national de ferry, Strandfaraskip Landsins, organise des voyages fréquents entre les îles principales. Souviens-toi:

Planifiez votre itinéraire : vérifiez les horaires des bateaux et réservez vos billets à l'avance, en particulier pendant la haute saison.

Horaires : Faites attention aux horaires des ferries, car certains itinéraires circulent moins souvent, notamment en dehors des mois d'été.

Transport de véhicules : Si vous visitez de nombreuses îles, certains bateaux vous permettent d'amener votre véhicule.

Asseyez-vous, détendez-vous et profitez de la vue imprenable sur l'océan et de l'air marin frais.

Explorer sur deux roues : vélo et scooters

Pensez au vélo si vous souhaitez être plus soucieux de l'environnement et économiser de l'argent. De nombreux itinéraires sont adaptés aux vélos et la plupart des voitures sont respectueuses. Certaines entreprises louent des vélos dans les grandes villes. Pour les trajets courts ou les terrains escarpés, les scooters électriques sont une option amusante et pratique. Souviens-toi:

Portez un équipement adéquat : les cyclistes doivent porter un casque et s'habiller convenablement en cas de conditions météorologiques inattendues.

Soyez conscient des conditions routières : certaines routes peuvent avoir du gravier ou des pentes raides, alors soyez prudent.

Respectez les sentiers partagés : faites attention aux piétons et aux autres cyclistes, en particulier dans les endroits très fréquentés.

Explorer les villes à pied

De nombreuses communautés animées, ainsi que la capitale, Tórshavn, sont minuscules et faciles à parcourir. Cela vous permet de vous immerger pleinement dans la scène locale, de découvrir des trésors cachés et d'interagir avec la belle culture insulaire. Souviens-toi :

Chaussures confortables : des chaussures solides sont essentielles pour explorer des terrains difficiles et traverser des rues pavées.

Équipement résistant aux intempéries : même en été, attendez-vous à des averses de pluie surprises.

Culture locale : Respectez les traditions et le décorum locaux et souriez lorsque vous rencontrez des insulaires le long de la route.

Au-delà du mode :

N'oubliez pas ces conseils quel que soit votre moyen de transport :

Recherchez les distances, les temps de trajet et les choix avant de partir.

Soyez respectueux de l'environnement : respectez le code de la route et ne jetez pas de déchets.

Laissez la spontanéité : vous découvrirez peut-être des trésors cachés lors d'excursions !

Explorez les îles Féroé avec votre moyen de transport préféré et vivez une expérience incroyable. N'oubliez pas que le voyage fait partie du plaisir, que vous conduisiez sur des routes sinueuses, preniez des bateaux entre les îles, traversiez des villages pittoresques à vélo ou marchiez dans les villes. Gardez l'esprit ouvert et une passion pour l'aventure pour apprendre que voyager aux îles Féroé est bien plus qu'un simple moyen de transport ; c'est une expérience qui vous permet de véritablement vous connecter avec ces belles îles.

Naviguer dans les îles Féroé sur quatre roues : un guide pour louer une voiture

Les îles Féroé, avec leurs falaises imposantes, leurs communautés pittoresques et leurs paysages magnifiques, attirent les touristes audacieux en quête d'indépendance et de flexibilité. La location d'un véhicule ouvre la possibilité réelle d'explorer ces joyaux dispersés à votre rythme, de voyager hors de portée des transports en commun et de trouver des coins secrets invisibles pour la plupart des touristes. Attachez votre ceinture, aventuriers intrépides, alors que nous plongeons dans le monde de la location d'automobiles aux îles Féroé, vous assurant un voyage fluide et agréable.

Pourquoi louer une voiture ?

Liberté et flexibilité : explorez les îles à votre rythme, en vous arrêtant spontanément devant des vues magnifiques, des villes pittoresques et des joyaux cachés le long de la route.

Accessibilité : rejoignez des endroits éloignés et des îles sans voiture accessibles uniquement par ferry, comme Mykines et Kalsoy.

Espace bagages : emballez confortablement et transportez du matériel de randonnée, du matériel de camping ou des souvenirs sans limite d'espace.

Routes panoramiques : naviguez sur des routes sinueuses longeant le littoral, admirez de magnifiques paysages et découvrez le climat féroïen en constante évolution.

Planifier votre location :

Réservez tôt : Surtout pendant la haute saison (juin-août), la demande de location d'automobiles est considérable. Sécurisez votre voiture tôt à l'avance pour minimiser les déceptions.

Choisissez la bonne taille et le bon type : les véhicules compacts conviennent parfaitement aux routes étroites, tandis que les SUV offrent plus de confort et d'espace pour les bagages pour les longs trajets ou les expéditions aventureuses.

Comparez les prix et les avis : utilisez les plateformes Internet et les sites Web des entreprises de location pour comparer les prix, les alternatives automobiles et les avis des clients.

Pensez à l'assurance : Optez pour une assurance tous risques pour avoir l'esprit tranquille, en particulier compte tenu des conditions météorologiques potentiellement difficiles.

Prendre la route :

Familiarisez-vous avec les règles de circulation : les ronds-points sont répandus, les phares sont nécessaires à tout moment et les restrictions de vitesse sont soigneusement appliquées.

Soyez attentif à la météo : les conditions peuvent changer soudainement. Conduisez lentement sur les routes sinueuses, particulièrement sous la pluie, le brouillard ou de fortes rafales.

Respectez l'environnement : évitez les déchets et respectez les lois sur le stationnement, en particulier dans les régions vulnérables.

Faites le plein régulièrement : Bien que largement accessibles, les stations-service ne sont pas aussi fréquentes que dans certains pays. Planifiez vos déplacements et faites le plein souvent, notamment en dehors des grandes villes.

Conseils essentiels :

Permis de conduire international : un permis de conduire international (IDP) est nécessaire en plus du permis de votre pays d'origine pour les locations de plus de 3 mois.

Apportez un GPS : bien que la plupart des véhicules de location incluent un système de navigation par satellite, le téléchargement de cartes hors ligne est suggéré pour les lieux isolés.

apporter pour l'hiver : Même en été, apportez des couches épaisses et des vêtements imperméables en cas de temps incertain.

Respectez les habitants : soyez gentil et patient sur la route, partagez les petites ruelles et cédez le passage aux moutons qui traversent les rues.

Au-delà du lecteur :

N'oubliez pas que la location d'un véhicule n'est pas seulement une question de transport ; il s'agit de créer des souvenirs. Utilisez votre nouvelle liberté pour :

Découvrez des trésors cachés : sortez des sentiers battus et visitez des colonies isolées, des plages cachées et des vues à couper le souffle.

Connectez-vous avec les habitants : engagez des discussions dans les stations-service, les restaurants locaux ou lors de magnifiques promenades : les insulaires sont réputés pour leur convivialité.

Acceptez l'inattendu : soyez ouvert aux détournements inattendus et aux excursions imprévues. Certains des moments les plus mémorables résultent souvent de rencontres accidentelles.

Alors libérez l'aventurier qui sommeille en vous, louez un véhicule et commencez une visite passionnante autour des îles

Féroé. Avec une préparation minutieuse, un esprit d'aventure et le respect de l'environnement, vos roues vous mèneront au-delà des sentiers touristiques et au cœur de ces magnifiques îles, pour vivre des expériences qui dureront toute une vie. N'oubliez pas que le voyage est tout aussi essentiel que la destination, et aux îles Féroé, chaque détour de la route est une promesse de découverte et de magie.

Options d'hébergement

Les îles Féroé, avec leurs panoramas verdoyants, leurs communautés pittoresques et leur culture distincte, attirent les touristes en quête d'une expérience exceptionnelle. Mais avant de partir en vacances, il est essentiel de sélectionner l'hôtel idéal. Attachez votre ceinture, aventuriers intrépides, alors que nous explorons les différents choix d'hébergement disponibles aux Féroé, vous aidant à trouver le refuge approprié pour votre voyage sur une île fantastique.

Dévoilement de vos préférences :

Les Féroé offrent une gamme d'alternatives, des belles maisons d'hôtes aux hôtels contemporains, en passant par les cottages indépendants et les expériences uniques comme vivre dans une ferme traditionnelle en gazon. Considérez votre :

Budget : les prix varient en fonction de l'emplacement, du type d'hébergement et de la saison. Recherchez et comparez les possibilités pour découvrir quelque chose qui répond à vos exigences.

Style de voyage : Désirez-vous un engagement social ou une intimité tranquille ? Vous préférez le confort contemporain ou une expérience rustique ? Choisissez en fonction de vos préférences.

Taille du groupe : Vous voyagez seul, avec vos proches ou en groupe plus important ? Différents choix s'adressent à des groupes de tailles variées.

Explorer vos choix :

Hôtels : Tórshavn et les grandes villes proposent des hôtels contemporains dotés d'installations conventionnelles, notamment des restaurants, des salles de sport et des spas. Idéal pour les personnes en quête de confort et pour les excursions plus courtes.

Pensions : trouvées dans les villages et les petites villes, elles apportent une touche plus personnelle, généralement avec des familles locales offrant le petit-déjeuner et un aperçu de la vie féroïenne.

Cottages indépendants : parfaits pour les fêtes, les familles ou les visites prolongées, les cottages offrent une cuisine entièrement équipée et la liberté. Répartis autour des îles, ils permettent de s'immerger dans la vie locale.

Séjours à la ferme : découvrez la culture traditionnelle des îles Féroé en séjournant dans une ferme en gazon rénovée, offrant un hébergement unique et un aperçu de la vie rurale.

Auberges de jeunesse : choix économique pour les voyageurs solitaires ou les routards, offrant des contacts sociaux et des installations minimales.

Joyaux cachés :

Camping : Pour les esprits aventureux, les campings offrent des cadres à couper le souffle et une chance de se connecter avec la nature. N'oubliez pas de réserver les emplacements de camping à l'avance et d'observer des pratiques de camping éthiques.

Airbnbs : découvrez des appartements, des chalets et même des bateaux uniques sur Airbnb, parfaits pour des expériences personnalisées et des connexions locales.

Planification et réservation :

Réservez tôt : surtout pendant la haute saison (juin-août), les alternatives populaires se remplissent rapidement. Sécurisez votre hébergement longtemps à l'avance.

Tenez compte des conditions d'annulation : Soyez attentif aux conditions d'annulation, en particulier si vos projets de vacances changent.

Vérifiez les équipements : assurez-vous que le choix sélectionné comprend les équipements dont vous avez besoin, notamment une connexion Wi-Fi, une laverie ou une cuisine (pour cuisiner).

Lire les avis : recherchez les choix et lisez les avis des clients pour avoir une idée de l'environnement et de l'expérience.

Au-delà des murs :

N'oubliez pas que votre hébergement est votre camp de base pour visiter les Féroé. Mais explorez au-delà :

Explorez les restaurants locaux : dégustez la cuisine féroïenne dans des cafés et restaurants pittoresques, ou préparez des plats locaux dans votre maison indépendante.

Découvrez la culture locale : assistez à des festivals, visitez des musées ou mêlez-vous simplement aux insulaires pour découvrir leur mode de vie distinct.

Profitez du plein air : parcourez des paysages époustouflants, faites du kayak dans les fjords ou observez une faune spectaculaire : les Féroé sont le rêve de tout aventurier.

Alors, choisissez votre refuge, faites vos bagages et soyez prêt à être fasciné par les îles Féroé. Que vous souhaitiez un confort contemporain, un charme rustique ou une expérience culturelle unique, l'hébergement approprié vous attend, prêt à être votre chez-soi dans ce merveilleux archipel. N'oubliez pas que votre séjour est bien plus qu'un simple endroit où dormir ; c'est une rampe de lancement pour de merveilleuses excursions et une opportunité de se connecter pleinement au charme des Féroé.

Quoi emballer

Les îles Féroé, avec leurs falaises balayées par les vents, leurs magnifiques villages et leurs panoramas époustouflants, attirent les esprits audacieux à la recherche d'une expérience exceptionnelle. Mais avant de partir à l'aventure, il est essentiel de bien préparer ses bagages pour surmonter les variations climatiques et les différentes activités des îles. Attachez votre ceinture, explorateurs intrépides, pendant que nous explorons les nécessités que vous devrez emporter pour votre expédition aux îles Féroé, afin de vous assurer que vous êtes prêt à affronter tout ce que les îles vous réservent.

Superposer comme un pro :

Le secret de l'emballage pour les Féroé est de maîtriser l'art de la superposition. Emportez des vêtements que vous pouvez rapidement ajouter ou retirer pour vous adapter aux conditions météorologiques en constante évolution, qui peuvent varier d'étendues ensoleillées à des averses de pluie inattendues, même au cours de la même journée.

Couches de base : emportez des sous-vêtements thermiques à séchage rapide pour être chaud et confortable sous n'importe quelle couche extérieure.

Couches intermédiaires : emportez des pulls, des gilets et des chemises en polaire ou en laine pour plus de chaleur et de polyvalence.

Couches extérieures : Investissez dans une veste et des leggings imperméables et coupe-vent. Recherchez des tissus respirants pour réduire la surchauffe pendant l'effort.

Chaussures adaptées à l'aventure :

Des chaussures robustes sont essentielles pour explorer le paysage accidenté des îles Féroé. Paquet:

Bottes de randonnée : imperméables et offrent un soutien à la cheville pour parcourir des pentes accidentées et des routes inégales.

Chaussures imperméables : idéales par temps pluvieux et pour visiter les villes aux rues pavées.

Baskets confortables : adaptées aux promenades et aux visites tranquilles.

Résister aux éléments :

Soyez prêt à tout avec ces éléments essentiels supplémentaires :

Bonnet et gants chauds : Emportez des choix de laine ou de polaire pour plus de chaleur, en particulier au printemps et en automne.

Équipement de pluie : emportez un poncho de pluie léger ou un couvre-chef en cas de pluie inattendue.

Lunettes de soleil et crème solaire : Ne sous-estimez pas l'intensité du soleil, surtout par temps couvert.

Serviette de voyage à séchage rapide : compacte et nécessaire pour se sécher après avoir visité des cascades ou nagé dans l'océan.

Lampe frontale : utile pour explorer des cavernes, faire des randonnées la nuit tombée ou naviguer en cas de coupure de courant.

Extras essentiels :

N'oubliez pas ces éléments pratiques :

Adaptateur universel : Les îles Féroé utilisent des connecteurs européens à deux broches.

Trousse de premiers secours : soyez prêt à faire face à des accidents mineurs lors de randonnées ou de sports de plein air.

Bouteille d'eau réutilisable : restez hydraté et évitez les déchets plastiques en éliminant les bouteilles à usage unique.

Sacs étanches : protégez vos objets de valeur de la pluie ou des éclaboussures inattendues lors des croisières en bateau ou en kayak.

Assurance voyage : Pensez à investir dans une assurance voyage pour avoir l'esprit tranquille en cas d'incidents imprévus.

Au-delà de l'essentiel :

Bâtons de randonnée : facultatifs mais bénéfiques pour les randonnées difficiles ou les personnes ayant des problèmes de genoux.

Maillot de bain : si vous allez nager dans des piscines géothermiques ou dans l'océan (si le temps le permet !).

Jumelles : améliorez vos expériences d'observation de la faune, en particulier pour l'observation des oiseaux.

Guide de conversation local : apprendre quelques mots simples en féroïen pourrait enrichir vos relations avec les habitants.

Le sens de l'aventure : ayez l'esprit ouvert et soyez prêt à accueillir l'inattendu : les Féroé sont pleines de surprises !

N'oubliez pas : il est crucial de voyager léger, car la plupart des activités incluent une sorte de marche ou de trekking. Pensez à faire la lessive si vous restez pendant de longues périodes afin de minimiser le suremballage.

Avec le bon équipement et un esprit d'aventure, vous serez prêt à affronter les Féroé et à vivre des expériences incroyables dans cet archipel enchanteur. Alors, faites vos valises judicieusement, voyagez léger et préparez-vous à commencer votre voyage aux Îles Féroé !

Choses à voir et à faire

Les îles Féroé, un archipel de 18 joyaux d'émeraude dispersés à travers l'Atlantique Nord, offrent une combinaison captivante de falaises époustouflantes, de villages pittoresques et d'une culture animée. Mais au-delà de cet environnement époustouflant, il y a une multitude de choses à voir et à faire, prêtes à attiser votre esprit d'aventure et à remplir vos journées d'expériences incroyables. Attachez votre ceinture, aventuriers intrépides, alors que nous plongeons au cœur des Féroé, exposant des joyaux cachés, des activités exaltantes et des découvertes culturelles à couper le souffle.

Adoptez le plein air :

Partez en randonnée à travers des paysages époustouflants : explorez des itinéraires sinueux qui longent les sommets des falaises, traversent des vallées verdoyantes et mènent à des cascades isolées. Soyez témoin de paysages impressionnants comme la célèbre cascade de Mulafossur ou la magnifique vallée de Bøsdalafossur.

Faites du kayak parmi les fjords et les îles : glissez à travers des mers d'un bleu serein, pagayez le long d'imposantes falaises riches en oiseaux et découvrez des criques isolées accessibles uniquement par la mer.

Sommet du plus haut sommet : partez à la conquête du Sláttoaratindur, la plus haute montagne des Féroé, et soyez récompensé par une vue panoramique sur tout l'archipel.

Parcourez les routes côtières pittoresques : explorez les îles sans voiture comme Kalsoy sur deux roues, en profitant de l'air frais de la mer et des magnifiques paysages côtiers.

Plongez dans l'histoire et la culture :

Remontez le temps à Kirkjubour : explorez les vestiges d'une résidence épiscopale médiévale, découvrez d'anciens villages vikings et émerveillez-vous devant la magnifique cathédrale de Kirkjubour, l'une des plus anciennes structures des Féroé.

Découvrez l'héritage viking : visitez des lieux historiques comme le village viking de Leirvík, admirez d'authentiques bateaux féroïens au musée des navires vikings et découvrez le riche passé nordique des îles.

Plongez dans la vie locale : promenez-vous dans les maisons colorées de Tórshavn, la capitale, écoutez de la musique live dans un bar local et découvrez la cuisine féroïenne dans de charmants cafés et restaurants.

Assistez à des festivals animés : plongez-vous dans la culture féroïenne en visitant des festivals traditionnels comme Ólavsøka, impliquant des courses de bateaux, des rassemblements de moutons et des festivités bruyantes.

Connectez-vous avec la nature :

Assistez à la danse des macareux : visitez Mykines, un délice pour les ornithologues amateurs, et observez des centaines de macareux se reproduisant sur les falaises tout au long des mois d'été.

Allez observer les baleines : embarquez pour une excursion en bateau et admirez les spectaculaires baleines et dauphins circulant doucement sur les mers de l'Atlantique Nord.

Découvrez la force de l'océan : restez fasciné par le magnifique littoral, observez les énormes vagues claquer contre les falaises et sentez les embruns de l'Atlantique sur votre visage.

Explorez des cavernes secrètes : découvrez des joyaux cachés comme les grottes de Gjógv et Tindhólmur, formées par l'océan impitoyable au fil des millénaires.

Au-delà du sentier touristique :

Apprenez quelques phrases en féroïen : connectez-vous à un niveau plus approfondi avec les habitants en apprenant quelques termes et expressions de base en féroïen.

Visitez une ferme locale : découvrez directement la vie traditionnelle des îles Féroé en visitant une ferme en activité, en rencontrant les agriculteurs et en découvrant leurs techniques durables.

Participez à un événement sportif local : participez à un match de football décontracté avec des insulaires, vivez l'adrénaline des compétitions d'aviron ou observez les traditionnelles rafles de moutons.

Faites une visite photographique : capturez l'âme des Féroé via l'objectif de votre appareil photo, avec l'aide d'un guide expert qui connaît les plus beaux sites secrets.

Souviens-toi:

Respectez l'environnement : ne laissez aucune trace, utilisez des méthodes de randonnée adaptées et limitez votre influence sur ces îles préservées.

Planifiez vos activités : Certaines expériences nécessitent de réserver à l'avance, notamment en haute saison.

Acceptez l'inattendu : soyez ouvert aux découvertes et aux détournements imprévus : certaines des expériences les plus mémorables se produisent souvent spontanément.

Libérez l'aventurier qui sommeille en vous, emportez votre esprit d'aventure et partez en voyage aux îles Féroé. Avec son vaste choix de choses à voir et à faire, cet archipel fascinant offre des expériences remarquables qui vous donneront envie de revenir. N'oubliez pas que le voyage est tout aussi essentiel que la destination et qu'aux Féroé, chaque détour a le potentiel de découverte, d'étonnement et de connexion avec une culture et des paysages uniques.

Budget suggéré

Les îles Féroé, avec leurs falaises époustouflantes, leurs villages pittoresques et leur culture vivante, attirent les esprits audacieux à la recherche d'une expérience exceptionnelle. Mais avant de vous lancer dans votre quête, il est essentiel de reconnaître l'argent nécessaire. Attachez votre ceinture, explorateurs intrépides, alors que nous examinons les dépenses liées à un voyage aux Féroé, vous aidant ainsi à planifier des vacances financièrement raisonnables et satisfaisantes.

Comprendre la répartition :

Dates de voyage : La haute saison (juin-août) entraîne une augmentation des prix des vols, des hôtels et des activités. Considérez les saisons intermédiaires (avril-mai et septembre-octobre) pour des prix éventuellement moins chers et moins de monde.

Style de voyage : Opter pour des choix économiques comme les auberges de jeunesse, les hébergements indépendants et les transports en commun peut réduire considérablement les dépenses par rapport aux hôtels de luxe et aux excursions guidées.

Durée du séjour : des voyages plus longs vous permettent de répartir vos dépenses et de voir plus, mais exigent également plus de nuits d'hébergement et d'argent de poche.

Activités : choisissez des activités gratuites ou à faible coût comme la randonnée, la visite des villes et les pique-niques, ou ajoutez les frais d'excursions en bateau, d'observation des baleines et d'autres expériences payantes.

Hébergements :

Économique : les auberges commencent à environ 40 € par nuit, les maisons d'hôtes entre 80 et 120 € et les campings entre 15 et 25 € par personne.

Milieu de gamme : les hôtels à Tórshavn varient entre 150 et 250 € par nuit, tandis que les maisons d'hôtes dans les petites communautés peuvent être obtenues pour 100 à 150 €.

Luxe : les hôtels haut de gamme de Tórshavn dépassent les 400 € par nuit, offrant des services haut de gamme et des vues magnifiques.

Maison d'hôtes aux Îles Féroé

Économique : la restauration autonome permet de faire ses courses, avec des repas de base coûtant entre 10 et 15 €. Les cafés économiques proposent des repas entre 15 et 20 €.

Milieu de gamme : les restaurants proposent une cuisine féroïenne pour 30 à 50 € par plat principal. Les cafés proposant des pâtisseries et du café coûtent en moyenne entre 10 et 15 €.

Luxe : les expériences gastronomiques commencent à partir de 70 € par personne, avec des menus de dégustation à plusieurs plats et des ingrédients de qualité.

Tarifs aériens : les tarifs aériens aller-retour depuis les principales villes européennes varient entre 200 € et 600 €+ selon la saison et l'heure de la réservation.

Location de voitures : les véhicules compacts commencent à 50 € par jour, les SUV coûtant plus cher. Le carburant coûte cher, 2 € le litre.

Ferries : des ferries publics relient les îles, avec des tarifs allant de 20 à 80 € selon l'itinéraire et la longueur.

Gratuit : Randonnées, visites de villages, pique-niques, participation à des événements culturels.

Low-cost : entrée au musée (5-15 €), croisières en bateau (30-50 €), piscines publiques (5-10 €).

Coût élevé : observation des baleines (100 - 200 €+), tours en hélicoptère (300 - 500 €+), visites guidées privées (variables).

Budget Traveler : 50 €-75 € par jour (auberges, gîtes, transports en commun, activités gratuites)

Voyageur milieu de gamme : 100-150 € par jour (chambres d'hôtes, repas, location de véhicule, certaines activités payantes)

Voyageur de luxe : 200 €+ par jour (hébergement de luxe, excellents repas, visites guidées, activités premium)

Souviens-toi:

Planifiez et réservez tôt : surtout pendant la haute saison, réservez vos vols, votre hébergement et vos activités populaires longtemps à l'avance pour éviter toute déception et éventuellement une augmentation des tarifs.

Pensez à une assurance voyage : des circonstances inattendues pourraient gâcher votre voyage. L'assurance voyage offre tranquillité d'esprit et sécurité financière.

Profitez des activités gratuites : les Féroé offrent des paysages magnifiques et des endroits charmants à découvrir sans dépenser beaucoup.

Méfiez-vous de vos dépenses : suivez vos coûts et modifiez votre budget selon vos besoins pendant vos vacances.

Respecter la communauté et l'environnement : les voyages responsables vont au-delà des budgets. Faites attention aux normes locales et ne laissez aucune trace dans ces belles îles.

Conseils pour économiser de l'argent

Les îles Féroé, avec leurs falaises balayées par les vents, leurs villages colorés et leurs panoramas spectaculaires, attirent les esprits audacieux à la recherche d'une expérience exceptionnelle. Mais n'édulcorons pas les choses : les Féroé peuvent être des vacances coûteuses. Mais ne vous inquiétez pas, aventuriers intrépides ! Avec un peu de prévoyance et d'ingéniosité, vous pourrez découvrir une mine de techniques pour économiser de l'argent et profiter du charme des îles sans vous ruiner. Attachez votre ceinture, touristes soucieux de leur budget, alors que nous nous plongeons dans l'art de traverser les Féroé sans perdre en aventure ni en plaisir.

Voyagez intelligemment, économisez intelligemment :

Voyagez pendant les saisons intermédiaires : La haute saison (juin-août) voit les coûts monter en flèche. Pensez à y aller pendant les saisons intermédiaires (avril-mai et septembre-octobre) pour des prix peut-être moins chers et moins de touristes.

Adoptez les transports publics : explorez l'île principale, Streymoy, en utilisant le système de bus public efficace. Pensez à vous procurer un pass de voyage de plusieurs jours pour bénéficier de réductions importantes.

Faire de l'auto-stop de manière responsable : L'auto-stop est une méthode répandue et sûre pour visiter les îles, en particulier entre les colonies d'une même île. N'oubliez pas l'étiquette et les mesures de sécurité appropriées pour les auto-stoppeurs.

Envisagez les options de saut d'île en île : des bateaux publics relient les îles, mais explorez d'autres possibilités, comme faire de l'auto-stop sur des ferrys automatiques ou participer à des excursions d'une journée avec transport en ferry inclus.

Astuces d'hébergement :

Hébergement indépendant comme un pro : optez pour des maisons d'hôtes avec équipements de cuisine ou louez des cottages indépendants. L'épicerie vous offre des repas économiques et de la flexibilité.

Adoptez les auberges et les maisons d'hôtes : abandonnez les hôtels chers et optez pour des auberges ou des maisons d'hôtes offrant un hébergement agréable à une fraction du prix.

Pensez au camping : Découvrez les bois directement en campant dans des terrains de camping autorisés. N'oubliez pas de réserver à l'avance et de respecter les pratiques de camping appropriées.

Couchsurfing ou familles d'accueil : plongez-vous dans la vie locale en localisant des familles d'accueil économiques ou en interagissant avec les locaux via les réseaux Couchsurfing.

Matière à réflexion (sans se ruiner) :

Perfection du pique-nique : emportez des repas de pique-nique savoureux et bon marché pour l'exploration et les excursions en plein air. Les boulangeries locales proposent du pain frais et des viennoiseries.

Adoptez les cafés locaux : évitez les restaurants chers et profitez de cafés tranquilles proposant des sandwichs, des soupes et des pâtisseries nourrissants à des prix bon marché.

Dîners indépendants : préparez d'excellents plats en utilisant des produits locaux provenant des épiceries. Partagez les tâches culinaires avec d'autres touristes si vous séjournez dans un logement partagé.

Bonnes affaires Happy Hour : profitez des bonnes affaires happy hour dans les pubs locaux pour des boissons et des apéritifs à prix réduit.

Activités à petit budget :

Adoptez la liberté : la randonnée, la visite de villes pittoresques, la visite de musées lors des journées libres et la participation à des événements culturels sont autant d'activités économiques.

Recherchez des visites à prix réduit : recherchez des offres spéciales sur Internet et des réductions sur les visites guidées, en particulier pendant les saisons intermédiaires.

Rejoignez les visites à pied gratuites : plongez-vous dans l'histoire et la culture locales avec des visites à pied gratuites organisées à Tórshavn.

Envisagez des activités alternatives : optez pour des options économiques comme le kayak au lieu de l'observation des baleines, ou découvrez des beautés naturelles cachées au lieu d'excursions en bateau coûteuses.

Au-delà des chiffres :

Faites vos valises judicieusement : évitez les frais de bagages supplémentaires en voyageant léger et en adoptant des couches de vêtements adaptables.

Apprenez les bases du féroïen : quelques mots simples peuvent grandement vous aider à interagir avec les habitants et même à découvrir des offres ou des suggestions secrètes.

Donnez de votre temps : faites du bénévolat auprès de fermes ou d'organisations locales en échange d'un hébergement ou d'expériences culturelles.

Respecter l'environnement : Le tourisme responsable va au-delà des budgets. Évitez les déchets, réduisez votre influence sur l'environnement et respectez les traditions locales.

N'oubliez pas que les Féroé offrent une expérience qui va au-delà de la simple vérification des sites touristiques. Adoptez le rythme plus lent, interagissez avec les gens et trouvez les joyaux cachés. Avec un peu de prévoyance et d'ingéniosité, vous pourrez découvrir le charme des Féroé sans compromettre votre budget. Alors, préparez votre esprit d'aventure, acceptez l'inattendu et soyez prêt à vous laisser enchanter par ce magnifique archipel, même avec un budget limité.

Meilleurs endroits pour réserver votre voyage

Les îles Féroé, avec leurs falaises époustouflantes, leurs villages pittoresques et leur culture vivante, attirent les esprits audacieux à la recherche d'une expérience exceptionnelle. Cependant, naviguer dans la procédure de réservation peut être intimidant avec les nombreuses alternatives disponibles. N'ayez crainte, aventuriers intrépides ! Ce guide explore les meilleurs sites pour réserver votre voyage aux îles Féroé, vous assurant une expérience fluide et agréable en fonction de vos intérêts et de votre budget.

Comprendre vos options :

Agences de voyages : optez pour la commodité d'une agence de voyages à service complet, en particulier si vous aimez les excursions préemballées ou si vous désirez une aide individuelle.

Plateformes de réservation en ligne : utilisez des portails populaires comme Expedia, Booking.com ou Kayak pour comparer les tarifs et les alternatives de vols, d'hôtels et d'activités.

Tour-opérateurs locaux : réservez directement auprès des opérateurs locaux pour des voyages personnalisés, des expériences uniques et peut-être des prix réduits par rapport aux grandes agences.

Sites Web d'hébergement : réservez directement auprès des hôtels, des maisons d'hôtes ou des cottages indépendants pour bénéficier de meilleurs tarifs et d'un contact personnalisé.

Sites d'hébergement alternatifs : pensez aux sites de réservation Airbnb ou aux auberges de jeunesse pour des choix économiques et une chance de dialoguer avec les habitants.

Trouver la solution idéale :

Considérez votre style : Aimez-vous un voyage entièrement organisé, une découverte individuelle ou une combinaison des deux ? Choisissez une plateforme qui correspond à votre style de voyage.

Comparez les prix et les avis : utilisez des outils de comparaison et lisez les avis pour trouver la meilleure offre adaptée à votre budget et à l'expérience souhaitée.

Tenez compte des frais de réservation : méfiez-vous des éventuels frais de réservation perçus par diverses plateformes, en particulier les services de réservation en ligne.

Vérifiez les politiques d'annulation : veillez à des règles d'annulation flexibles, en particulier en cas d'événements imprévus.

Recherchez l'expertise locale : optez pour des entreprises ou des plateformes locales ayant des relations avec les îles Féroé pour des connaissances intimes et des produits uniques.

Plateformes recommandées :

Pour un service complet : Norrøna Travel : se spécialise dans les expériences de voyage féroïennes sur mesure.

Visitez les îles Féroé : site Web touristique officiel proposant des forfaits de voyage et des ressources de réservation.

Pour comparer les prix et réserver :

Expedia : portail convivial proposant diverses alternatives de voyage et des coûts faibles.

Booking.com : vaste gamme d'hôtels et d'activités aux îles Féroé avec avis.

Pour des expériences locales uniques :

Guide des îles Féroé : propose des excursions, des activités et des partenariats locaux pré-réservés.

Mon guide local : met en relation les touristes avec des guides locaux pour des expériences sur mesure.

Pour des options économiques : Airbnb : découvrez des appartements, des villas et même des bateaux uniques pour des séjours soucieux de votre budget.

Hostels.com : trouvez des auberges bon marché à Tórshavn et dans d'autres régions insulaires.

Aller au-delà de la plateforme :

Contacter l'hébergement directement : pour des demandes ou des discussions particulières, essayez de contacter directement les hôtels, les maisons d'hôtes ou les propriétaires de chalets.

Explorez les offices de tourisme locaux : à votre arrivée, visitez les offices de tourisme locaux pour obtenir des conseils personnalisés et des brochures contenant des offres spéciales.

Suivez les sites Web touristiques locaux et les réseaux sociaux : restez informé des promotions, des événements et des offres de dernière minute en suivant les chaînes touristiques locales.

Souviens-toi:

Réservez tôt : surtout pendant la haute saison (juin-août), les alternatives populaires se remplissent rapidement. Sécurisez vos vols et votre hôtel longtemps à l'avance.

Lisez les petits caractères : vérifiez attentivement les termes, conditions et politiques d'annulation avant de réserver.

Pensez à l'assurance voyage : des incidents inattendus pourraient nuire à vos vacances. L'assurance voyage offre tranquillité d'esprit et sécurité financière.

Soutenir les entreprises locales : dans la mesure du possible, envisagez des entreprises détenues et gérées localement pour une expérience plus authentique et pour aider l'économie locale.

Avec une préparation minutieuse et la bonne plateforme, vous découvrirez peut-être la meilleure méthode pour réserver votre voyage aux îles Féroé. N'oubliez pas que le voyage est tout aussi essentiel que l'objectif. Embrassez le processus de planification, trouvez des trésors cachés et soyez prêt à être enchanté par le charme des îles Féroé, où que vous choisissiez de planifier votre voyage.

CHAPITRE TROIS

Explorer les îles Féroé

Les îles Féroé, un archipel de 18 joyaux d'émeraude répartis sur l'Atlantique Nord, attirent les esprits courageux en quête d'une aventure mémorable. Avec ses imposantes falaises sculptées par le vent et les vagues, ses villages pittoresques peints de couleurs vives et sa culture distincte ancrée dans l'ascendance viking, les Féroé offrent une tapisserie d'aventure, de beauté naturelle et d'immersion culturelle. Mais où allez-vous commencer? Attachez votre ceinture, aventuriers intrépides, alors que nous plongeons au cœur des Féroé, exposant des joyaux cachés, des activités exaltantes et des découvertes culturelles à couper le souffle.

Adopter le plein air :

Partez en randonnée à travers des paysages époustouflants : enfilez vos bottes et explorez des itinéraires qui longent les sommets des falaises, traversent des vallées verdoyantes et mènent à des cascades isolées. Admirez des sites impressionnants comme la célèbre cascade de Mulafossur coulant le long des falaises ou la magnifique vallée de Bøsdalafossur sculptée par d'anciens glaciers.

Faites du kayak parmi les fjords et les îles : glissez sur les mers azur, pagayez le long d'imposantes falaises riches en oiseaux et découvrez des criques isolées accessibles uniquement par la mer. Admirez les falaises spectaculaires parsemées de nombreux macareux nicheurs et sentez les embruns de l'Atlantique sur vos joues.

Sommet du plus haut sommet : relevez le défi en atteignant Sláttoaratindur, la plus haute montagne des Féroé, et soyez récompensé par des vues panoramiques embrassant tout l'archipel, s'étendant à perte de vue.

Parcourez les routes côtières pittoresques : explorez les îles sans voiture comme Kalsoy sur deux roues, en profitant de l'air frais de la mer et des magnifiques paysages côtiers. Sentez le vent dans vos cheveux en explorant des villes pittoresques, des falaises imposantes et des criques secrètes.

Plonger dans l'histoire et la culture :

Remontez le temps à Kirkjubour : explorez les vestiges d'une résidence épiscopale médiévale, découvrez d'anciens villages vikings et émerveillez-vous devant la magnifique cathédrale de Kirkjubour, l'une des plus anciennes structures des Féroé, riche en histoire et en murmures du passé.

Découvrez l'héritage viking : visitez des lieux historiques comme le village viking de Leirvík, admirez d'authentiques bateaux féroïens au musée des navires vikings et découvrez le riche passé nordique des îles, où vit l'esprit des Vikings.

Plongez-vous dans la vie locale : promenez-vous dans les maisons colorées de Tórshavn, la capitale, ornées de motifs élaborés et d'une vitalité vive. Écoutez de la musique live dans un bar local, dégustez une cuisine féroïenne dans des cafés et restaurants pittoresques et rencontrez des insulaires sympathiques.

Assistez à des festivals passionnants : Plongez dans l'atmosphère féroïenne en visitant des festivals traditionnels comme Ólavsøka, y compris des festivités animées avec des courses de bateaux, des rassemblements de moutons et de la musique traditionnelle, peignant les îles dans une attitude joyeuse.

Connexion avec la nature :

Soyez témoin de la danse des macareux : visitez Mykines, le paradis des ornithologues amateurs, et observez des centaines de macareux se reproduisant sur les falaises tout au long des mois d'été, leurs becs colorés et leurs dandinements hilarants produisant un magnifique spectacle.

Allez observer les baleines : embarquez pour une excursion en bateau et observez de magnifiques baleines et dauphins circulant doucement sur les mers de l'Atlantique Nord, un moment d'étonnement et d'émerveillement lorsque vous interagissez avec ces merveilleux animaux.

Découvrez la force de l'océan : laissez-vous fasciner par le magnifique littoral, observez les énormes vagues se briser contre les falaises et sentez les embruns de l'Atlantique sur votre visage, profitant de la puissance brute et de la beauté de la nature.

Explorez des grottes secrètes : découvrez des joyaux cachés comme les cavernes de Gjógv et Tindhólmur, creusées par l'océan implacable au fil des millénaires, où les murmures de la mer créent une aura de mystère et d'émerveillement.

Au-delà du sentier touristique :

Apprenez quelques phrases féroïennes : connectez-vous à un niveau plus profond avec les habitants en apprenant quelques mots et expressions de base en féroïen, ouvrant ainsi les portes à de véritables conversations et à des connaissances culturelles.

Visitez une ferme locale : découvrez directement la vie traditionnelle des îles Féroé en visitant une ferme en activité, en rencontrant les agriculteurs, en découvrant leurs techniques durables et en savourant des aliments frais et locaux.

Participez à un événement sportif local : participez à un match de football décontracté avec des insulaires et ressentez le frisson

Tórshavn : la capitale

Tórshavn, perchée sur la pointe sud de l'île de Streymoy, incarne le cœur et l'esprit des îles Féroé. Cette belle capitale, avec une population d'environ 13 000 habitants, offre une combinaison fascinante d'héritage viking, de culture dynamique et de beauté naturelle spectaculaire. De son port pittoresque et de son ancienne péninsule de Tinganes à sa scène artistique dynamique et ses festivals colorés, Tórshavn offre une expérience unique et remarquable à chaque visiteur.

Un temps de parcours :

Péninsule de Tinganes : montez sur les pavés de Tinganes, l'ancien noyau de Tórshavn. Explorez le site du Parlement

Viking datant de 850 après JC, appréciez les célèbres maisons rouges du Parlement féroïen et admirez la vue panoramique sur le port et au-delà.

Cathédrale de Tórshavn : Soyez témoin de la silhouette imposante mais exquise de la cathédrale de Tórshavn, la plus ancienne cathédrale des Féroé. Construit au XVIIIe siècle, il possède une histoire riche et des éléments architecturaux insolites.

Musée national des îles Féroé : plongez dans la riche histoire et la culture des îles Féroé au Musée national. Explorez des expositions présentant des trésors vikings, des outils et des vêtements traditionnels, ainsi qu'un aperçu unique de l'héritage maritime des îles.

Un régal pour les sens :

Niels Finsens gøta : promenez-vous dans la rue principale animée, Niels Finsens gøta, parsemée de magasins lumineux, de cafés chaleureux et de restaurants attrayants. Savourez des spécialités traditionnelles, notamment du poisson frais, de l'agneau des îles Féroé et le plat national, le raest kjøt (viande de mouton séchée).

Sandoyarstova : Offrez-vous une expérience gastronomique à Sandoyarstova, un célèbre restaurant situé dans une magnifique structure du XVIIe siècle. Savourez des plats féroïens cuisinés avec des ingrédients locaux frais et profitez d'une vue imprenable sur le port.

Cafés et bars : imprégnez-vous de l'ambiance locale dans les charmants cafés et les bars animés disséminés dans toute la ville. Dégustez des bières artisanales féroïennes, dînez dans des pâtisseries exquises et assistez à des concerts en soirée.

Plongez-vous dans la culture :

Nordic House : découvrez des expositions d'art contemporain, des concerts de musique live et des pièces de théâtre à la Nordic House, un centre culturel situé dans un édifice moderne spectaculaire.

Festival Ólavsøka : Plongez dans l'esprit vif d'Ólavsøka, la fête nationale célébrée fin juillet. Assistez à des courses de bateaux traditionnelles, des rafles de moutons, de la musique vibrante et des événements festifs qui donnent à la ville une ambiance joyeuse.

Artisanat et souvenirs locaux : explorez le bazar Tinganes, un charmant marché proposant des articles fabriqués localement, notamment des pulls tricotés à la main, de l'artisanat traditionnel des îles Féroé et des souvenirs uniques pour vous souvenir de votre séjour.

Au-delà des limites de la ville :

Cascade de Múlafossur : faites un court voyage pour observer la magnifique cascade de Múlafossur se déversant d'une falaise dans l'océan, une merveille naturelle époustouflante juste à l'extérieur de la ville.

Hameau de Kirkjubour : Remontez le temps à Kirkjubour, un hameau historique connu pour ses ruines médiévales, dont la cathédrale de Kirkjubour et la résidence de l'évêque. Plongez-vous dans la riche histoire et les récits fascinants de l'île.

Excursions en bateau : embarquez pour une excursion en bateau depuis le port de Tórshavn et visitez les îles voisines, découvrez d'imposantes falaises, de jolis villages et une riche vie marine. Gardez un œil sur les macareux animés et les magnifiques baleines dérivant au-dessus des mers de l'Atlantique Nord.

Pourquoi choisir Tórshavn :

Compact et accessible à pied : explorez les attractions de la ville à pied, imprégnez-vous de la charmante ambiance et découvrez les joyaux cachés à votre vitesse.

Expérience culturelle authentique : plongez-vous dans les coutumes féroïennes, la cuisine locale et les festivals animés, acquérant ainsi une meilleure connaissance de la culture distinctive de l'île.

Porte d'entrée vers la beauté naturelle : Tórshavn constitue un excellent emplacement pour explorer les paysages spectaculaires des îles Féroé, avec de magnifiques cascades, des falaises imposantes et des villages pittoresques à proximité.

Que vous soyez un passionné d'histoire, un passionné d'art ou un explorateur à la recherche de trésors naturels, Tórshavn a quelque chose à offrir à tout le monde. De la découverte de son riche passé à l'immersion

Attractions et monuments

Tórshavn, située à l'extrémité sud de l'île de Streymoy, vibre d'un esprit qui combine des siècles d'héritage viking avec l'attrait marin actuel. En tant que capitale des îles Féroé, cette petite ville possède une multitude d'attractions et de monuments à offrir aux touristes, notamment un port magnifique, une culture active et une beauté naturelle à couper le souffle. Alors faisons un tour de Tórshavn, à la découverte de ses attractions incontournables et de ses beautés cachées.

Un temps de parcours :

Péninsule de Tinganes : promenez-vous sur les pavés de Tinganes, le centre historique de Tórshavn. Ce site du Parlement viking datant de 850 après JC abrite les célèbres bâtiments rouges du Parlement féroïen contemporain, ainsi que des vues panoramiques sur le port. Plongez-vous dans les murmures du passé tout en découvrant le centre du gouvernement actuel.

Cathédrale de Tórshavn : La cathédrale de Tórshavn, la plus ancienne cathédrale des Féroé, a une silhouette imposante. Construit au XVIIIe siècle, son design exquis reflète le passé religieux de l'île. Explorez les subtilités subtiles et profitez de l'environnement tranquille.

Le Musée national des îles Féroé est un trésor de l'histoire des îles Féroé. Explorez les reliques vikings, les outils et vêtements traditionnels ainsi que les expositions sur le patrimoine maritime pour mieux connaître le passé fascinant de l'île.

Un régal pour les sens :

Explorez Niels Finsens gøta, une rue principale animée regorgeant de magasins, de cafés et de restaurants. Dégustez des plateaux de fruits de mer frais, des spécialités d'agneau des îles Féroé et le repas national, le raest kjøt (viande de mouton séchée). Le soir, visitez les bars et profitez de l'environnement animé tout en dégustant des bières artisanales locales.

Sandoyarstova : Sandoyarstova, situé dans un magnifique bâtiment du XVIIe siècle, offre une excellente expérience culinaire. Savourez la cuisine féroïenne préparée avec des ingrédients locaux frais tout en admirant les vues spectaculaires sur le front de mer.

Fish & Chips au bord du port : Chez les vendeurs de fish and chips au bord du port, vous pourrez dîner tranquillement tout en admirant le paysage spectaculaire. Dégustez du fish and chips frais et croustillants tout en regardant les bateaux se balancer sur le lac, pour une expérience à Tórshavn.

Une immersion culturelle :

Maison nordique : explorez des expositions d'art contemporain, des concerts de musique live et des spectacles dramatiques dans la Maison nordique, une belle structure moderne. Plongez-vous dans la culture féroïenne et nordique et profitez de la scène créative dynamique.

Bazar Tinganes : Visitez le bazar Tinganes, un joli bazar qui présente des objets artisanaux fabriqués localement. Trouvez des pulls tricotés à la main, des souvenirs traditionnels des îles Féroé et des souvenirs uniques pour commémorer votre séjour tout en soutenant les artisans locaux.

Événement Ólavsøka : visitez fin juillet pour découvrir l'énergie vive de l'événement national. Plongez dans les courses de bateaux traditionnelles, les rafles de moutons, la musique entraînante et les événements exubérants qui peignent la ville de couleurs vibrantes.

Au-delà des limites de la ville :

Faites un court voyage pour observer la magnifique cascade de Múlafossur, qui dévale une falaise dans l'océan. Juste à l'ouest de Tórshavn, cette magnifique merveille naturelle constitue une escapade idéale dans la pure campagne féroïenne.

Hameau de Kirkjubour : Remontez le temps jusqu'à Kirkjubour, un hameau historique célèbre pour ses ruines médiévales. Explorez la cathédrale de Kirkjubour et la résidence de l'évêque et découvrez les murmures de l'histoire viking devenus réalité.

Excursions en bateau : faites une excursion en bateau depuis le port de Tórshavn pour voir les îles voisines. Découvrez de hautes falaises, des villes pittoresques et une vie aquatique variée. Gardez un œil sur les macareux animés et les magnifiques baleines dans les mers de l'Atlantique Nord.

Restauration et vie nocturne.

Tórshavn, la charmante capitale des îles Féroé, possède bien plus que des paysages magnifiques et une histoire riche. C'est également un sanctuaire pour les gourmets aventureux et les oiseaux de nuit, avec une scène culinaire diversifiée et une vie nocturne animée imprégnée d'un esprit féroïen distinctif. Alors partons pour une délicieuse aventure autour des expériences culinaires et nocturnes de Tórshavn, à la découverte de trésors cachés et de souvenirs mémorables.

Un voyage culinaire :

Saveurs locales des îles Féroé : Partez pour un voyage gastronomique en dégustant les délices des îles Féroé. Dégustez des plateaux de fruits de mer frais avec des langoustines, des moules et du saumon, de l'agneau des îles Féroé servi de différentes manières et la spécialité nationale, le ræst kjøt (viande de mouton séchée).

Gastronomie mondiale avec une touche féroïenne : savourez des cuisines étrangères avec une touche féroïenne. Découvrez des cuisines étrangères mélangées aux produits insulaires et à l'innovation, allant des restaurants de sushi employant des fruits de mer pêchés localement aux trattorias italiennes servant du ragoût d'agneau des îles Féroé.

cafés et boulangeries confortables : échappez au froid avec une tasse chaude de café féroïen et de délicieuses pâtisseries dans des cafés confortables. Dégustez des plats locaux, tels que le rúgbrød (pain de seigle noir) avec des garnitures variées, dans un cadre décontracté.

Délices gastronomiques : Offrez-vous une expérience gastronomique extraordinaire dans des restaurants célèbres tels que Koks, qui proposent des menus de dégustation étoilés au Michelin avec une cuisine féroïenne créative mettant l'accent sur des ingrédients frais et de saison.

Bouchées économiques : visitez la scène culinaire de rue de Tórshavn ou choisissez parmi les bistrots informels. Dégustez d'excellents fish and chips près du port, une savoureuse cuisine de rue dans les kiosques ou un copieux hamburger dans un bar voisin.

Au-delà de l'assiette :

Visites gastronomiques : faites une visite gastronomique guidée pour en savoir plus sur la cuisine féroïenne. Découvrez des joyaux culinaires cachés, dégustez des délices locaux et découvrez les processus de production alimentaire traditionnels grâce à des guides enthousiastes.

Cours de cuisine : Assister à un cours de cuisine vous permettra de libérer le chef qui sommeille en vous. Apprenez à préparer des spécialités féroïennes comme une soupe d'agneau ou un ragoût de poisson en utilisant des ingrédients frais locaux et de manière traditionnelle.

Petit-déjeuner du dimanche : commencez la semaine avec un délicieux rituel de petit-déjeuner féroïen. Profitez d'un grand buffet dans un restaurant ou un café, avec des sélections salées et sucrées, idéal pour un dimanche matin détendu.

Pulse de la vie nocturne :

Pubs animés : découvrez la vie nocturne féroïenne au Café Snaps et à Havnastova. Profitez de la musique live, rencontrez les habitants et essayez les bières artisanales féroïennes comme la Føroya Bjór.

Bars à cocktails : dans les bars branchés tels que Barbara et Sjovt Havn, vous pourrez siroter des cocktails bien préparés. Dégustez des cocktails inventifs à base de produits locaux tels que la rhubarbe et les baies, créant un environnement élégant.

Cafés ouverts tard le soir : pour une soirée paisible, visitez des cafés pittoresques comme le Café Natur et Kaffihúsið. Savourez un café chaud, des plats légers et une excellente conversation dans un cadre confortable et accueillant.

Tórshavn organise une variété d'événements culturels et de festivals tout au long de l'année, dont beaucoup incluent de la musique live, de la danse et des vendeurs de nourriture. Plongez-vous dans l'atmosphère colorée et profitez au mieux de la vie nocturne féroïenne.

Conseils locaux :

Pensez à faire des réservations, en particulier pendant la haute saison ou dans les restaurants et pubs populaires.

Exigence vestimentaire : la vie nocturne de Tórshavn est principalement informelle, tandis que certains restaurants chers peuvent exiger une tenue vestimentaire élégante et décontractée.

Happy Hour : De nombreux pubs et cafés proposent des offres happy hour pour des boissons et des apéritifs à bas prix.

Espèces ou cartes : Bien que la plupart des endroits acceptent les cartes de crédit, avoir de l'argent liquide en main est généralement utile pour les petites transactions ou les vendeurs ambulants.

N'oubliez pas que la scène gastronomique et nocturne de Tórshavn est en constante évolution, avec de nouveaux restaurants et bars qui ouvrent régulièrement. Adoptez l'esprit de découverte, demandez des idées aux habitants et soyez ouvert à la découverte de trésors cachés qui rendront votre voyage à Tórshavn unique. Alors partez pour votre voyage gastronomique et nocturne, et laissez Tórshavn taquiner vos papilles et éveiller vos sens !

Shopping et souvenirs à Tórshavn

Outre ses paysages pittoresques et son histoire fascinante, Tórshavn offre une expérience de shopping agréable aux chasseurs de souvenirs et aux chercheurs de trésors. De l'artisanat traditionnel des îles Féroé aux designs modernes, la ville offre une combinaison distinctive de charme local et de tendances mondiales. Attachez votre ceinture et préparez-vous à visiter les quartiers commerçants de Tórshavn, à la recherche de cadeaux qui incarnent le caractère des îles Féroé.

Un voyage à travers l'artisanat local :

Bazar de Tinganes : Plongez dans la culture féroïenne au bazar de Tinganes, un charmant bazar situé sur l'ancienne péninsule de Tinganes. Découvrez des pulls tricotés à la main, des écharpes en laine aux jolis motifs et des bijoux uniques fabriqués à partir de matériaux d'origine locale comme la peau de mouton et les coquillages. Soutenez les artisans locaux tout en découvrant les précieux souvenirs de vos voyages.

Gjánoyri : parcourez la large gamme de créations féroïennes à Gjánoyri, une boutique bien connue qui présente des objets artisanaux traditionnels et modernes. Découvrez des sculptures en verre soufflé à la bouche, des figurines en bois délicatement sculptées et des céramiques superbement créées, chacune exprimant un récit sur la tradition et la créativité des îles Féroé.

Smyril Føroyar, un opérateur de ferry, possède une charmante boutique de cadeaux proposant des produits sur le thème des îles Féroé. Choisissez de petits bateaux vikings, de jolis bonnets en laine aux motifs traditionnels ou des bijoux nautiques inspirés des traditions maritimes des îles.

À la découverte du design moderne :

Designers of Scandinavia : explorez le design nordique moderne avec une touche féroïenne chez Designers of Scandinavia. Découvrez une gamme soigneusement choisie de vêtements, de bijoux et d'articles pour la maison de créateurs féroïens qui représentent l'esthétique contemporaine et l'attitude environnementale des îles.

Visitez Listastova Føroya, la boutique de cadeaux du musée d'art des îles Féroé, pour découvrir la scène artistique florissante. Trouvez des reproductions d'art de paysages magnifiques et de jolies villes, ou choisissez des bijoux uniques inspirés des expositions du musée, qui capturent l'essence créative des îles.

SMS : pour une vaste expérience de shopping, visitez SMS, le plus grand centre commercial de Tórshavn. Découvrez des marques mondiales avec des boutiques originaires des îles

Féroé, qui vendent de tout, des vêtements et accessoires aux souvenirs et spécialités locales.

Au-delà des souvenirs habituels :

Savourez des plats et des boissons féroïens, notamment du rúgbrød (pain de seigle noir), des confitures produites avec des baies locales et des bières spéciales brassées à partir de sources d'eau inhabituelles. Visitez des entreprises spécialisées comme Miklagørd et Føroya Bjór pour localiser les souvenirs culinaires idéaux.

Musique et livres : découvrez la culture féroïenne à travers la musique et la littérature. Achetez des CD contenant de la musique traditionnelle féroïenne ou des sons modernes, ou lisez des livres captivants sur l'histoire, la culture et les paysages à couper le souffle des îles. Pensez aux magasins tels que Havna Føroya et Bókhandil Hin Føroyska.

Découvrez des trésors cachés dans les magasins d'occasion, comme Krammikstovur à Hoyvík. Découvrez des vêtements vintage des îles Féroé, des articles de maison uniques et des antiquités qui représentent la riche histoire et le patrimoine culturel de l'île.

Conseils d'achat local :

Les magasins ouvrent généralement de 10h00 à 18h00 en semaine et le samedi, avec des horaires réduits le dimanche.

Méthodes de paiement : La plupart des magasins acceptent les principales cartes de crédit et de débit, bien qu'il soit utile d'apporter de l'argent liquide pour les petits achats ou les marchés.

Achats hors taxe : vous pouvez obtenir un remboursement de la TVA sur les achats dépassant un montant spécifié. Renseignez-vous sur les processus de détaxe et rassemblez la documentation appropriée.

Souvenirs durables : choisissez des souvenirs fabriqués localement et respectueux de l'environnement, fabriqués à partir de matériaux et de processus de fabrication durables, qui aideront les artisans locaux et promouvront des pratiques éthiques.

N'oubliez pas que faire du shopping à Tórshavn ne se limite pas à acheter des souvenirs ; c'est l'occasion d'en apprendre davantage sur la culture et le savoir-faire des îles Féroé. Prenez votre temps pour explorer, interagissez avec les artisans locaux et choisissez des souvenirs qui capturent l'âme de votre voyage féroïen. Alors, explorez les boutiques pittoresques, découvrez des joyaux cachés et revenez avec des souvenirs qui vous ramèneront au charme des îles Féroé.

Streymoy : l'île aux paysages diversifiés

Streymoy, plaque tournante de l'archipel des îles Féroé, possède un charme irrésistible. Cette île rectangulaire, longue de 47 kilomètres, présente un superbe patchwork de paysages spectaculaires, de charmantes communautés et de joyaux historiques qui ne demandent qu'à être découverts. Des hautes falaises sculptées par l'océan impitoyable aux vallées verdoyantes et cascades secrètes, Streymoy offre un voyage mémorable à chaque visiteur.

Un régal pour les yeux:

Commencez votre voyage dans la zone ouest, où d'imposantes falaises comme Vestmannabjørgini, sculptées par des explosions volcaniques et abritant de nombreux oiseaux marins reproducteurs, offrent une vue imprenable. Soyez témoin de la force de l'Atlantique alors que les vagues se brisent contre les falaises, produisant un spectacle à couper le souffle.

Voyage vers le nord : explorez les magnifiques paysages du nord, y compris la célèbre colonie de Tjørnuvík. Ce charmant village, accessible uniquement par un court tunnel creusé à travers les montagnes, possède de superbes falaises embrassant l'océan, des formations rocheuses inhabituelles telles que Risin et Kellingin, et un sentiment d'isolement qui captivera votre imagination.

Odyssée vers le sud-est : explorez la beauté méridionale de Streymoy. Découvrez la ville dynamique de Tórshavn, avec son front de mer coloré, sa péninsule médiévale de Tinganes et ses restaurants attrayants. Faites une randonnée jusqu'au sommet de Sornfelli pour une vue panoramique sur l'environnement environnant, ou découvrez le trésor caché de Kirkjubour, une colonie de l'ère Viking avec la cathédrale de Kirkjubour comme témoin du riche héritage de l'île.

Au-delà des merveilles pittoresques :

Le paradis de la randonnée : enfilez vos bottes et explorez une variété de sentiers de randonnée. Explorez les magnifiques vallées de Saksun et découvrez l'église historique de Tjørnuvík, perchée au milieu de superbes falaises. Gravissez les pentes de Sláttoaratindur, la plus haute montagne des Féroé, pour admirer des vues panoramiques spectaculaires. Chaque itinéraire révèle un aspect particulier de la splendeur époustouflante de Streymoy.

Kayaking Bliss : pagayez dans des mers turquoise, longez de magnifiques falaises remplies d'oiseaux et découvrez des criques isolées accessibles uniquement par la mer. Faites du kayak sur les spectaculaires falaises de Vestmanna, en observant les imposantes formations rocheuses et les macareux animés plongeant dans l'eau, pour une expérience incroyable.

Immersion culturelle : voyagez dans le temps jusqu'à Kirkjubour, où les vestiges d'un siège épiscopal médiéval racontent des histoires d'ascendance viking. Explorez la cathédrale de Kirkjubour, témoin du patrimoine ecclésiastique de l'île, et vivez le passé. Le Musée national de Tórshavn offre un aperçu plus approfondi de la culture féroïenne, allant des outils et vêtements traditionnels aux légendes marines intrigantes.

Observation des baleines : faites une excursion en bateau depuis des endroits comme Vestmanna pour observer des baleines et des dauphins spectaculaires dérivant sur les mers de l'Atlantique Nord. Soyez témoin de la force et de la beauté de ces animaux majestueux dans leur environnement naturel et créez des souvenirs qui dureront toute une vie.

Rencontre avec des macareux : visitez Mykines, un délice pour les ornithologues amateurs, pour voir des centaines de macareux colorés se reproduire sur les falaises tout au long des mois d'été. Soyez témoin de leurs dandinements hilarants et de leurs becs colorés, produisant un spectacle fascinant qui vous captivera.

Découvrez l'atmosphère animée des îles Féroé en visitant des événements traditionnels tels que Ólavsøka fin juillet. Assistez à des courses de bateaux, des rassemblements de moutons, de la musique vibrante et des événements joyeux qui égayent l'île et donnent un aperçu de la culture féroïenne.

Pourquoi choisir Streymoy ?

Compact et varié : explorez des paysages variés dans une région compacte facilement accessible en voiture, en bus ou à vélo. Sur une île, vous pouvez faire de la randonnée sur de superbes falaises, faire du kayak devant d'imposantes formations rocheuses et explorer de jolis villages.

Riche histoire et culture : plongez-vous dans la culture féroïenne. Explorez des lieux historiques tels que Kirkjubøur, découvrez l'histoire des Vikings dans les musées et assistez à des festivals colorés pour mieux comprendre le caractère de l'île.

Porte d'entrée vers l'aventure : Streymoy est une base idéale pour explorer tout l'archipel des îles Féroé. Faites des visites d'une journée dans les îles voisines, participez à des croisières en bateau passionnantes et découvrez les différents paysages et joyaux cachés de l'Atlantique Nord.

Streymoy est bien plus qu'une simple île ; il illustre le charme des îles Féroé. Emportez votre esprit d'aventure, attachez vos chaussures et préparez-vous à être charmé par les paysages magnifiques, la culture vivante et les expériences incroyables.

Sites incontournables à Streymoy

Streymoy, la plus grande île de l'archipel des îles Féroé, dégage un charme irrésistible. Des imposantes falaises sculptées par l'océan impitoyable aux vallées verdoyantes et aux cascades secrètes, cette île possède une superbe tapisserie d'attractions incontournables. Que vous recherchiez des vues époustouflantes, des rencontres historiques ou une atmosphère de village pittoresque, Streymoy a tout ce qu'il vous faut. Alors, attachez-vous et plongez dans les points forts les plus captivants de l'île :

Merveilles naturelles :

Falaises de Vestmanna : faites une croisière en bateau pour découvrir la force brute de la nature à son meilleur. D'imposantes falaises de basalte sculptées par des éruptions volcaniques s'élèvent magnifiquement de l'océan, offrant un habitat à de nombreux oiseaux marins reproducteurs tels que les macareux, les guillemots et les petits pingouins. Ressentez les embruns de l'océan pendant que vous manœuvrez entre des fentes étroites et admirez la majesté dramatique de cette merveille naturelle.

Les falaises maritimes de Vestmanna à Streymoy et Tjørnuvík, une ville isolée accessible uniquement par un petit tunnel à travers les montagnes, illustrent l'attrait brut des îles Féroé. Découvrez de superbes falaises caressées par l'océan, émerveillez-vous devant les célèbres formations rocheuses Risin et Kellingin et ressentez un sentiment d'isolement en visitant les charmants cottages situés dans la vallée.

Visitez Tjørnuvík à Streymoy et faites une randonnée le long de la vallée verdoyante jusqu'à Saksun, une charmante ville. Visitez la célèbre église de Tjørnuvík, construite au sommet d'une falaise, et profitez d'une vue panoramique sur les environs. Profitez de la tranquillité de ce refuge isolé, où les demeures historiques représentent les traditions féroïennes.

Saksun à Streymoy Sornfelli : grimpez au point culminant pour une vue à couper le souffle. Partez en randonnée à travers des paysages variés, admirez de magnifiques falaises et vallées d'en haut et ressentez une incroyable sensation d'accomplissement au sommet.

Tórshavn : explorez la capitale animée, où des résidences colorées bordent le front de mer pittoresque. Promenez-vous dans l'ancienne péninsule de Tinganes, admirez les célèbres bâtiments rouges du Parlement féroïen et découvrez le pouls de la culture féroïenne au Musée national.

Kirkjubour : voyagez dans le temps et découvrez les vestiges d'un siège épiscopal médiéval. Explorez les vestiges de la cathédrale de Kirkjubour, rappel du patrimoine ecclésiastique de l'île, et imaginez la vie florissante qui y vivait autrefois.

Cathédrale de Kirkjubour, village viking de Streymoy Leirvík : les maisons longues reconstruites offrent un aperçu de la vie viking, tandis que les expositions mettent en valeur les découvertes archéologiques et les récits fascinants. Faites un voyage dans le temps et découvrez l'histoire fascinante des îles Féroé.

Expériences inoubliables :

Randonnée : enfilez vos chaussures de randonnée et explorez une variété de sentiers qui longent les falaises, serpentent à travers des vallées luxuriantes et mènent à des cascades isolées. Ressentez l'atmosphère féroïenne en admirant les paysages époustouflants et en vous immergeant dans la splendeur de la nature.

Kayak : pagayez sur les mers bleues le long de magnifiques falaises peuplées d'oiseaux. Découvrez des criques isolées accessibles uniquement par la mer, vivez le frisson de l'aventure et interagissez avec la nature d'une nouvelle manière.

Observation des baleines : faites une excursion en bateau et admirez les spectaculaires baleines et dauphins glisser doucement sur les mers de l'Atlantique Nord. Soyez témoin de la force et de la beauté de ces animaux majestueux dans leur environnement naturel et créez des souvenirs qui dureront toute une vie.

Observation des macareux : visitez Mykines, le paradis des ornithologues amateurs, et observez des centaines de macareux colorés se reproduire sur les falaises tout au long des mois d'été.

Soyez témoin de leurs dandinements hilarants et de leurs becs colorés, produisant un spectacle fascinant qui vous captivera.

Conseils locaux :

Hébergement : Streymoy propose une large gamme d'alternatives d'hébergement, des charmantes maisons d'hôtes dans les villages aux hôtels sophistiqués du centre-ville de Tórshavn. Choisissez la base idéale pour votre voyage.

Explorez l'île en véhicule, en bus ou à vélo. Les transports en commun sont fiables et efficaces et relient les grandes villes et les villages.

Météo : Soyez prêt à affronter des conditions météorologiques changeantes. Apportez toujours des couches, des vêtements de pluie et des chaussures robustes pour les sorties en plein air.

Tourisme respectueux : Le tourisme responsable implique le respect de l'environnement, des populations locales et des traditions culturelles.

Eysturoy - Fjords et Villages

Eysturoy, la deuxième plus grande île des îles Féroé, attire les visiteurs avec ses vues spectaculaires, ses villages attrayants et son histoire fascinante. Des montagnes escarpées s'élèvent des fjords bleus, offrant des vues spectaculaires à chaque pas. Les communautés pittoresques situées le long du rivage dégagent un attrait intemporel, tandis que les vieilles ruines racontent des histoires sur les origines vikings. Alors enfilez vos bottes, emportez votre esprit d'aventure et partez en randonnée au cœur d'Eysturoy, où chaque spectacle révèle une nouvelle merveille.

Des fjords à la beauté durable :

Explorez Skálafjørður, un joli fjord aux eaux calmes et de nombreux oiseaux. Découvrez le village de Skálafjørður, une destination charmante avec des bâtiments colorés et des habitants sympathiques. Faites une randonnée dans les vallées verdoyantes, admirez les cascades et détendez-vous dans un cadre paisible.

Oyndarfiðrður : faites une croisière en bateau et admirez les falaises spectaculaires qui bordent ce fjord pittoresque. Observez d'imposantes formations rocheuses sculptées par l'océan impitoyable, des criques isolées accessibles uniquement par l'eau et des phoques espiègles prenant un bain de soleil sur les falaises. Ressentez les embruns de l'eau en parcourant les petits canaux du fjord, pour une expérience mémorable.

Gjógv : Explorez ce village passionnant perché au fond d'un magnifique fjord. Randonnée jusqu'à Gjógv, une arche naturelle de granit où les vagues se précipitent sous vos pieds, produisant une vue à couper le souffle. Explorez les jolis cottages en pierre et les fermes traditionnelles des îles Féroé pour découvrir l'esprit de la vie insulaire.

Eiði est une ancienne colonie avec des cottages en tourbe bien conservés et un front de mer pittoresque. Découvrez les bâtiments traditionnels des îles Féroé, visitez le musée Eiði pour en apprendre davantage sur l'histoire de l'île et profitez de belles vues sur l'océan Atlantique.

Visitez Leirvík pour en apprendre davantage sur l'histoire des Vikings à travers des maisons longues reconstruites qui décrivent le mode de vie des anciens colons nordiques. Découvrez des trésors anciens, écoutez des contes fascinants et imaginez la vie dans les îles Féroé il y a des siècles.

Explorez Gøta, le plus grand village d'Eysturoy, avec son port dynamique et son héritage historique. Explorez l'église historique de Gøta et les charmantes ruelles remplies de résidences et de cafés colorés.

Expériences inoubliables :

Randonnée : Enfilez vos bottes et explorez une variété de sentiers qui longent les falaises, serpentent à travers des vallées luxuriantes et mènent à des cascades secrètes. Admirez des vues magnifiques sur les fjords et les communautés, ressentez l'atmosphère énergisante des Féroé et prenez des images époustouflantes tout au long du parcours.

Kayak : pagayez sur des mers turquoise, longez des falaises majestueuses peuplées d'oiseaux et découvrez des criques isolées accessibles uniquement par la mer. Connectez-vous avec la nature, découvrez des vues à couper le souffle depuis un nouveau point de vue et créez des souvenirs qui dureront toute une vie.

Observation des baleines : faites une excursion en bateau et admirez les spectaculaires baleines et dauphins glisser doucement sur les mers de l'Atlantique Nord. Soyez témoin de la force et de la beauté de ces animaux majestueux dans leur environnement naturel, offrant une expérience mémorable.

Observation des macareux : visitez Mykines, le paradis des ornithologues amateurs, et observez des centaines de macareux colorés se reproduire sur les falaises tout au long des mois d'été.

Soyez témoin de leurs dandinements hilarants et de leurs becs brillants, qui offrent un spectacle fascinant et de nombreuses possibilités d'images.

Conseils locaux :

Hébergement : Choisissez votre point de départ idéal, des modestes maisons d'hôtes dans les villages aux hôtels confortables dans les grandes villes.

Transport : louez un véhicule pour une flexibilité optimale ou utilisez le système de bus public fiable qui relie les grandes villes et villages.

Météo : Soyez prêt à affronter des conditions météorologiques changeantes. Apportez toujours des couches, des vêtements de pluie et des chaussures robustes pour les sorties en plein air.

Touristes respectueux : Utiliser des pratiques touristiques responsables qui respectent l'environnement, la population locale et les traditions culturelles.

Eysturoy est bien plus qu'une simple île ; c'est une mosaïque de paysages magnifiques, de communautés pittoresques et d'une histoire fascinante. Alors partez en expédition, découvrez ses joyaux cachés et créez des souvenirs qui vous connecteront à jamais à l'enchantement des îles Féroé.

Explorez la beauté pittoresque d'Eysturoy

Eysturoy, la deuxième plus grande île des îles Féroé, est un paradis pour les amoureux de la nature et les aventuriers. Eysturoy, avec ses magnifiques fjords creusés par d'anciens glaciers et ses jolis villages situés entre des collines, offre une combinaison fascinante de beauté visuelle et d'héritage culturel. Alors, faites vos bagages, enfilez vos chaussures de randonnée et préparez-vous à découvrir le cœur de ce trésor féroïen.

Fjords de grandeur majestueuse

Explorez Skálafjørður, un joli fjord aux eaux calmes et de nombreux oiseaux. Découvrez le village de Skálafjørður, une destination charmante avec des bâtiments colorés et des habitants sympathiques. Faites une randonnée dans les vallées verdoyantes, admirez les cascades et détendez-vous dans un cadre tranquille.

Oyndarfiðrður : Faites une passionnante excursion en bateau et admirez les rochers spectaculaires qui bordent ce fjord spectaculaire. Observez d'imposantes formations rocheuses sculptées par l'océan impitoyable, des criques isolées accessibles uniquement par l'eau et des phoques espiègles prenant un bain de soleil sur les falaises. Ressentez les embruns de l'eau en parcourant les petits canaux du fjord, pour une expérience mémorable.

Gjógv : Explorez ce village passionnant perché au fond d'un magnifique fjord. Randonnée jusqu'à Gjógv, une arche naturelle de granit où les vagues se précipitent sous vos pieds, produisant une vue à couper le souffle. Explorez les jolis cottages en pierre et les fermes traditionnelles des îles Féroé pour découvrir l'esprit de la vie insulaire.

Villages racontant des histoires du passé :

Eiði est une ancienne colonie avec des cottages en tourbe bien conservés et un front de mer pittoresque. Découvrez les bâtiments traditionnels des îles Féroé, visitez le musée Eiði pour en apprendre davantage sur l'histoire de l'île et profitez de belles vues sur l'océan Atlantique.

Visitez Leirvík pour en apprendre davantage sur l'histoire des Vikings à travers des maisons longues reconstruites qui décrivent le mode de vie des anciens colons nordiques. Découvrez des trésors anciens, écoutez des contes fascinants et imaginez la vie dans les îles Féroé il y a des siècles.

Explorez Gøta, le plus grand village d'Eysturoy, avec son port dynamique et son héritage historique. Explorez l'église historique de Gøta et les charmantes ruelles remplies de résidences et de cafés colorés.

Aventures en plein air inoubliables :

Randonnée : Enfilez vos bottes et explorez une variété de sentiers qui longent les falaises, serpentent à travers des vallées luxuriantes et mènent à des cascades secrètes. Admirez des vues magnifiques sur les fjords et les communautés, ressentez l'atmosphère énergisante des Féroé et prenez des images époustouflantes tout au long du parcours.

Kayak : Pagayez dans des mers turquoise entourées de falaises majestueuses peuplées d'oiseaux et découvrez des criques isolées accessibles uniquement par la mer. Connectez-vous avec la nature, découvrez des vues à couper le souffle depuis un nouveau point de vue et créez des souvenirs qui dureront toute une vie.

Observation des baleines : faites une excursion en bateau et admirez les spectaculaires baleines et dauphins glisser doucement sur les mers de l'Atlantique Nord. Soyez témoin de la force et de la beauté de ces animaux majestueux dans leur environnement naturel, offrant une expérience mémorable.

Observation des macareux : visitez Mykines, le paradis des ornithologues amateurs, et observez des centaines de macareux colorés se reproduire sur les falaises tout au long des mois d'été. Soyez témoin de leurs dandinements hilarants et de leurs becs brillants, qui offrent un spectacle fascinant et de nombreuses possibilités d'images.

Conseils d'initiés :

Hébergement : Choisissez votre point de départ idéal, des modestes maisons d'hôtes dans les villages aux hôtels confortables dans les grandes villes.

Transport : louez un véhicule pour une flexibilité optimale ou utilisez le système de bus public fiable qui relie les grandes villes et villages.

Météo : Soyez prêt à affronter des conditions météorologiques changeantes. Apportez toujours des couches, des vêtements de pluie et des chaussures robustes pour les sorties en plein air.

Touristes respectueux : Utiliser des pratiques touristiques responsables qui respectent l'environnement, la population locale et les traditions culturelles.

La splendeur panoramique d'Eysturoy est tout simplement époustouflante et il y en a pour tous les goûts. Alors planifiez votre expédition, découvrez ses joyaux cachés et créez des souvenirs qui vous connecteront longtemps au charme des îles Féroé.

Vágar : la porte d'entrée vers la nature

Vágar, l'île la plus occidentale de l'archipel des Féroé, attire les visiteurs avec ses vues imprenables, ses côtes accidentées et ses charmantes communautés. Vágar, surnommée « la porte de la nature », accueille de nombreux invités venant par avion et les plonge dans la splendeur sauvage des îles Féroé. Des imposantes falaises sculptées par l'océan impitoyable aux vallées verdoyantes et aux cascades jaillissantes, Vágar propose une visite fascinante aux amoureux de la nature et aux aventuriers.

Un régal pour les sens :

Falaises de Vestmanna : faites une croisière passionnante en bateau pour observer la force brute de la nature à son apogée. D'imposantes falaises de basalte sculptées par des éruptions volcaniques s'élèvent magnifiquement de l'océan, offrant un habitat à de nombreux oiseaux marins reproducteurs tels que les macareux, les guillemots et les petits pingouins. Ressentez les embruns de l'océan pendant que vous manœuvrez entre des fentes étroites et admirez la majesté dramatique de cette merveille naturelle.

Traversez une vallée pittoresque pour atteindre la cascade de Múlafossur, où l'océan Atlantique éclabousse les rochers, créant une scène à couper le souffle. Soyez témoin de la force de la nature et prenez des images époustouflantes de ce trésor caché.

Explorez le lac Leitisvatn, le plus grand lac des îles Féroé, entouré de collines luxuriantes et de falaises spectaculaires. Faites de la randonnée ou du vélo le long des magnifiques sentiers, observez les différents oiseaux et détendez-vous dans cette retraite paisible.

Découvrez Miðvágur, la principale colonie de l'île, connue pour ses cottages colorés, son port pittoresque et son atmosphère active. Visitez les entreprises locales, dégustez la délicieuse cuisine féroïenne et appréciez l'accueil chaleureux des habitants.

Gásadalur : faites un voyage pittoresque dans ce hameau isolé situé dans une vallée spectaculaire. Admirez la magnifique église de Gásadalur, construite au sommet d'une falaise surplombant l'océan Atlantique, et découvrez l'atmosphère tranquille de cette retraite solitaire.

Village de Gásadalur, Vágar Böðvarsdalur : découvrez l'histoire des Vikings sur ce site archéologique, où les maisons longues reconstruites donnent un aperçu du mode de vie des premiers habitants nordiques. Découvrez des reliques, écoutez des histoires captivantes et imaginez la vie dans les îles Féroé il y a des siècles.

Aventure inoubliable :

Observation des oiseaux : admirez la diversité remarquable de la faune féroïenne, depuis les macareux imposants se reproduisant sur les falaises jusqu'aux mouettes animées survolant l'eau. Participez à une visite guidée ou explorez vous-même en prenant de magnifiques images de ces compagnons à plumes.

Randonnée : Enfilez vos bottes et explorez une variété de sentiers qui longent les falaises, serpentent à travers des vallées luxuriantes et mènent à des cascades secrètes. Admirez des vues panoramiques époustouflantes, découvrez l'énergie énergétique des Féroé et créez des souvenirs inoubliables.

Kayak : pagayez sur les mers bleues le long de magnifiques falaises peuplées d'oiseaux. Découvrez des criques isolées accessibles uniquement par la mer, vivez le frisson de l'aventure et interagissez avec la nature d'une nouvelle manière.

Conseils d'initiés :

Les options d'hébergement comprennent des maisons d'hôtes tranquilles dans des villages et des hôtels confortables à Miðvágur.

Transport : louez un véhicule pour une flexibilité optimale ou utilisez le système de bus public fiable qui relie les grandes villes et villages.

Météo : Soyez prêt à affronter des conditions météorologiques changeantes. Apportez toujours des couches, des vêtements de pluie et des chaussures robustes pour les sorties en plein air.

Touristes respectueux : Utiliser des pratiques touristiques responsables qui respectent l'environnement, la population locale et les traditions culturelles.

Vágar est bien plus qu'une simple porte d'entrée vers les îles Féroé ; c'est une destination à part entière, avec une combinaison fascinante de beauté naturelle, d'héritage culturel et d'expériences remarquables. Alors faites vos valises, adoptez votre esprit d'aventure et explorez l'enchantement qui vous attend sur cette île merveilleuse.

Activités de plein air et excursions de Vágar

Vágar, surnommée « la porte de la nature », est plus qu'un simple point d'entrée pour de nombreuses personnes arrivant par avion. Cette île la plus occidentale de l'archipel des îles Féroé offre des paysages spectaculaires, des plages accidentées, des villages pittoresques et une multitude d'activités de plein air et d'excursions qui vous couperont le souffle. Alors, enfilez vos bottes, emballez votre esprit d'aventure et préparez-vous à découvrir la beauté sauvage de Vágar :

Être témoin de la puissance de la nature :

Falaises marines de Vestmanna : embarquez pour une passionnante excursion en bateau et émerveillez-vous devant les imposantes falaises de basalte formées par les éruptions volcaniques. Soyez témoin de la force de l'eau lorsqu'elle s'écrase contre les rochers, produisant une scène à couper le souffle. Gardez les yeux ouverts pour apercevoir d'innombrables oiseaux marins nicheurs, notamment des macareux, des guillemots et des petits pingouins qui plongent dans le ciel.

Cascade de Múlafossur : faites une randonnée dans une magnifique vallée et soyez récompensé par la vue de cette magnifique cascade, où l'océan Atlantique se brise contre les rochers, produisant un spectacle éblouissant de force et de beauté. Capturez des images étonnantes et savourez le calme de ce trésor caché.

Promenade dans la cascade de Múlafossur dans le lac Leitisvatn de Vágar : explorez le plus grand lac des îles Féroé, entouré de collines luxuriantes et de falaises spectaculaires. Faites de la randonnée ou du vélo le long des jolis sentiers, observez différents oiseaux, notamment des canards, des oies et des cygnes, et profitez du calme de cette retraite pittoresque.

À la découverte de villages de charme et d'histoire :

Miðvágur : découvrez le principal village de l'île, célèbre pour ses maisons colorées, son port pittoresque et son atmosphère dynamique. Promenez-vous dans les rues, visitez les magasins locaux pour acheter des cadeaux féroïens uniques et dégustez de délicieux plats féroïens dans les restaurants du port.

Gásadalur : embarquez pour un voyage pittoresque dans cette communauté isolée située dans une magnifique vallée. Admirez l'église unique de Gásadalur, placée de manière précaire au sommet d'une falaise, surplombant l'immense océan Atlantique, et découvrez l'atmosphère tranquille de cette retraite solitaire.

Village de Gásadalur à Vágar Böðvarsdalur : plongez dans l'histoire des Vikings sur ce site archéologique où les maisons longues reconstruites donnent un aperçu de la vie des anciens résidents nordiques. Découvrez des reliques, écoutez des histoires fascinantes sur leur mode de vie et imaginez la vie aux Féroé il y a des siècles.

Des aventures palpitantes :

Observation des oiseaux : Vágar est un sanctuaire pour les ornithologues amateurs, offrant une grande variété d'observations. Des macareux majestueux nichant sur les falaises aux oiseaux marins animés comme les fous de Bassan et les fulmars volant au-dessus de l'eau, il y a toujours quelque chose à voir. Participez à une visite guidée ou explorez vous-même en prenant de magnifiques images de ces compagnons à plumes.

Randonnée : Enfilez vos bottes et explorez différents sentiers qui longent les falaises, traversent de magnifiques vallées et mènent à des cascades secrètes. Admirez des vues panoramiques spectaculaires sur le littoral majestueux et les paysages luxuriants, ressentez l'énergie énergisante des Féroé et créez des souvenirs inoubliables.

Kayak : Pagayez sur les mers bleues entre de magnifiques falaises riches en oiseaux. Explorez des criques isolées accessibles uniquement par la mer, vivez le frisson de l'aventure en naviguant sur le littoral et interagissez avec la nature d'une nouvelle manière.

Conseils d'initiés :

Hébergement : trouvez votre point de départ idéal, des maisons d'hôtes pittoresques dans des villages comme Miðvágur et Gásadalur aux hôtels confortables des grandes villes.

Transport : Louez un véhicule pour une liberté optimale pour explorer les différentes régions de l'île à votre vitesse. Alternativement, un système de bus public fiable relie les grandes villes et villages.

Météo : Soyez prêt à affronter des conditions météorologiques variables. Les îles Féroé sont réputées pour leur météo en constante évolution, alors apportez des couches, des vêtements de pluie et des chaussures solides pour les activités de plein air.

Tourisme respectueux : pratiquez un tourisme responsable en respectant l'environnement, la population locale et les traditions culturelles. Ne laissez aucune trace, faites attention aux niveaux de bruit et soutenez les entreprises locales dans la mesure du possible.

Vágar est une île qui vous donnera envie d'en savoir plus. Avec ses paysages variés, sa riche histoire et ses activités de plein air fascinantes, c'est l'endroit idéal pour les amoureux de la nature, les amateurs d'aventure et tous ceux qui recherchent une retraite mémorable. Alors, commencez dès maintenant à organiser vos vacances et explorez la magie qui réside à Vágar !

Suduroy : la beauté du Sud

Suðuroy, l'île la plus méridionale de l'archipel des îles Féroé, attire les touristes avec ses vues spectaculaires, ses communautés attrayantes et ses échos historiques fascinants. Souvent négligée par les voyageurs pressés par le temps, Suðuroy offre une combinaison unique de beauté brute et indomptée et de petit charme féroïen, qui ne demande qu'à être découverte. Alors, faites vos bagages, adoptez votre esprit d'aventure et préparez-vous à découvrir les joyaux cachés de Suðuroy :

Un régal pour les sens :

Des côtes spectaculaires : faites une randonnée autour de la côte ouest de l'île, où d'imposantes falaises plongent dans l'Atlantique Nord bouillonnant. Soyez témoin de la force de la nature alors que les vagues se brisent contre les rochers, produisant une scène époustouflante. Surveillez différents oiseaux marins volant dans le ciel, notamment les macareux, les guillemots et les petits pingouins.

Vallées luxuriantes et cascades cachées : Aventurez-vous à l'intérieur des terres et découvrez des vallées verdoyantes débordant de fleurs sauvages et de cascades jaillissantes. Partez en randonnée le long des routes pittoresques menant à des joyaux cachés comme Stórgljúfur, une cascade spectaculaire entourée d'un feuillage épais.

Plages de sable et eaux turquoise : prélassez-vous au soleil sur les belles plages de l'île, certaines accessibles uniquement à pied ou en bateau. Plongez dans les eaux turquoise et découvrez la touche énergisante de l'Atlantique Nord.

Villages de charme et échos historiques :

Tvøroyri : explorez la plus grande ville de l'île, connue pour son magnifique port, ses bâtiments historiques et sa scène culturelle dynamique. Visitez l'église de Tjaldavík, une jolie église au toit rouge située au sommet d'une colline, offrant une vue panoramique sur la ville et ses environs.

Sumba : voyagez vers la colonie la plus méridionale des îles Féroé, connue pour ses cottages traditionnels en tourbe et son superbe emplacement en bord de mer. Explorez le musée Sumba, situé dans une maison en tourbe magnifiquement préservée, et découvrez l'histoire intéressante et le patrimoine culturel de l'île.

Sandvík : Découvrez ce joli hameau situé dans un port protégé. Promenez-vous dans les petites ruelles bordées de cottages colorés, visitez les magasins locaux proposant des produits féroïens uniques et profitez de l'ambiance tranquille.

Expériences inoubliables :

Randonnée : enfilez vos bottes et explorez différents sentiers qui traversent les vallées, longent les côtes et mènent à des panoramas époustouflants. Admirez des paysages spectaculaires, découvrez l'énergie énergisante des Féroé et prenez de superbes images tout au long du parcours.

Kayak : pagayez sur les mers bleues entre de superbes falaises et découvrez des criques secrètes. Soyez témoin d'une vie marine variée, vivez le frisson de l'aventure et interagissez avec la nature d'une nouvelle manière.

Observation des baleines : embarquez pour une excursion en bateau et observez des baleines et des dauphins spectaculaires dérivant doucement sur les mers de l'Atlantique Nord. Soyez témoin de la force et de la beauté de ces animaux majestueux dans leur environnement d'origine, offrant une rencontre mémorable.

Observation des oiseaux : Suðuroy est un sanctuaire pour les ornithologues amateurs, avec des espèces variées à observer. Des macareux espiègles aux fous de Bassan et aux fulmars, ayez vos jumelles à disposition et prenez des photos à couper le souffle de ces compagnons à plumes.

Conseils d'initiés :

Hébergement : trouvez votre point de départ idéal, des charmantes maisons d'hôtes dans les villages aux hôtels confortables à Tvøroyri.

Transport : Louez un véhicule pour une liberté optimale pour explorer les différentes régions de l'île à votre vitesse. Alternativement, un système de bus public fiable relie les grandes villes et villages.

Météo : Soyez prêt à affronter des conditions météorologiques variables. Les îles Féroé sont réputées pour leur météo en constante évolution, alors apportez des couches, des vêtements de pluie et des chaussures solides pour les activités de plein air.

Tourisme respectueux : pratiquez un tourisme responsable en respectant l'environnement, la population locale et les traditions culturelles. Ne laissez aucune trace, faites attention aux niveaux de bruit et soutenez les entreprises locales dans la mesure du possible.

Suðuroy est une île qui vous surprendra et vous fera vibrer. Avec son terrain spectaculaire, sa riche histoire et ses charmantes communautés, il offre une véritable expérience féroïenne. Alors, quittez la route principale et explorez l'enchantement qui se trouve sur Suðuroy !

Trésors cachés et délices locaux

Le joyau du sud des îles, Suðuroy, souvent éclipsé par ses équivalents féroïens plus fréquentés, conserve un attrait particulier au sein de ses paysages époustouflants et de ses petites communautés. Au-delà des côtes impressionnantes et des jolis villages, l'île dévoile des secrets cachés et des spécialités locales qui attendent les touristes aventureux. Alors, emballez votre esprit d'aventure et préparez-vous à creuser au cœur des trésors de Suðuroy :

Hors des sentiers battus:

Fátlansfjall : faites une randonnée jusqu'à ce point le plus haut de Suðuroy et soyez récompensé par des vues magnifiques sur toute l'île, l'immense océan et même les îles voisines par temps clair. Admirez des paysages variés qui s'étendent sous vos yeux, des falaises escarpées aux belles vallées, et découvrez l'immense beauté des Féroé.

Sandoyartun : voyagez dans le temps sur ce site archéologique comprenant des maisons longues vikings reconstruites. Explorez ces maisons, imaginez la vie des peuples anciens et approfondissez la riche histoire de l'île.

Ruines de l'église Kirkjuoyggjar Niels : découvrez les reliques de cette église du XIIe siècle située dans une vallée pittoresque. Ressentez les échos historiques qui entourent les vestiges et imaginez l'importance religieuse qu'ils possédaient pour les premiers habitants de l'île.

Délices locaux à savourer :

Viande de Sjúrðingur : Dégustez cet exquis agneau séché à l'air, un délice Suðuroy créé selon des techniques traditionnelles. Savourez son goût unique et son parfum fumé, un monument de l'héritage culinaire de l'île.

Klimprasuppur : Offrez-vous cette soupe de poisson substantielle, un plat préféré des habitants, cuisiné avec du poisson frais des îles Féroé, des légumes et des épices. Ressentez la chaleur et le confort de cette cuisine traditionnelle, adaptée aux froides nuits féroïennes.

Dessert à la rhubarbe : Offrez-vous un morceau de ce délicieux dessert, un pilier des familles Suðuroy. Fabriqué avec de la rhubarbe produite localement et de la crème féroïenne, c'est une façon délicieuse et délicieuse de conclure votre dîner.

Festivals et immersions culturelles :

Jóansøka : Plongez dans l'atmosphère lumineuse du plus grand événement estival de Suðuroy. Assistez à des spectacles de musique et de danse traditionnelles des îles Féroé, participez à des concours divertissants et dégustez une délicieuse cuisine locale lors d'une joyeuse fête communautaire.

Roundups de moutons : découvrez le traditionnel "Grind", lorsque les moutons sont rassemblés des hautes terres vers les colonies. Soyez témoin de cette tradition culturelle unique et découvrez le mode de vie des îles Féroé.

Conseils d'initiés :

Hébergement : optez pour des maisons d'hôtes calmes dans des endroits comme Tvøroyri, Sandvík ou Sumba pour une véritable expérience locale.

Transport : Alors que la location de véhicules donne la liberté, le système de bus public fiable relie les grandes villes, vous permettant d'explorer à un rythme confortable.

Adoptez le rythme : la vie à Suðuroy se déroule à un rythme plus lent que sur le continent. Adoptez le calme, appréciez l'attitude décontractée et interagissez avec les gens pour une expérience authentique.

Tourisme respectueux : Soyez sensible à l'environnement, aux cultures locales et aux communautés. Ne laissez aucune trace, soutenez les entreprises locales et habillez-vous modestement lorsque vous visitez les églises et les lieux historiques.

Les joyaux cachés de Suðuroy et les friandises locales donnent un aperçu de l'essence des îles Féroé. Alors, voyagez au-delà des destinations touristiques conventionnelles et découvrez le véritable charme, l'histoire fascinante et l'hospitalité chaleureuse qui vous attendent sur cette île enchanteresse du sud.

Sandoy : un charme tranquille au milieu de paysages diversifiés

Sandoy, la cinquième plus grande île des îles Féroé, est un paradis pour les amoureux de la nature et les amateurs de tranquillité. Avec ses collines vallonnées, ses falaises spectaculaires et ses villes pittoresques, Sandoy offre une escapade calme loin de l'agitation de la vie quotidienne.

Points forts:

Randonnée : Enfilez vos bottes et explorez différents sentiers qui longent le littoral, traversent des vallées remplies de fleurs sauvages et mènent à des cascades secrètes. Grimpez la plus haute montagne de l'île, Høvdabreidin, pour admirer une vue panoramique sur l'environnement environnant.

Observation des oiseaux : observez divers oiseaux, depuis les macareux animés se reproduisant sur les falaises jusqu'aux fous de Bassan et aux fulmars flottant au-dessus de l'océan. Visitez la réserve ornithologique de Kvalvika pour observer une colonie d'environ 60 000 oiseaux marins.

Kayak : pagayez sur des mers turquoise entre des falaises spectaculaires et découvrez des criques isolées accessibles uniquement par la mer. Soyez témoin d'une vie marine différente et profitez du frisson de l'aventure en naviguant sur le rivage.

Vélo : explorez l'île à un rythme tranquille sur de magnifiques pistes cyclables. Le terrain relativement plat le rend excellent pour les motards de tous niveaux.

Visitez le musée Sandoy : découvrez l'histoire et la culture de l'île au musée Sandoy dans le village de Sandur. Installé dans une ferme typique des îles Féroé, le musée présente des objets, des outils et des images qui donnent un aperçu du mode de vie de l'île.

Conseils d'initiés :

Hébergement : trouvez votre point de départ idéal dans des maisons d'hôtes pittoresques nichées dans des villages comme Sandur, Skálavík et Dalur.

Transport : louez un véhicule pour une flexibilité optimale ou utilisez le système de bus public fiable reliant les grandes villes et villages.

Météo : Soyez prêt à affronter des conditions météorologiques variables. Emportez des couches, des vêtements de pluie et des chaussures robustes pour les sorties en plein air.

Tourisme respectueux : pratiquez un tourisme responsable en respectant l'environnement, la population locale et les traditions culturelles. Ne laissez aucune trace, faites attention aux niveaux de bruit et soutenez les entreprises locales dans la mesure du possible.

Bordoy : une aventure au milieu d'une beauté sauvage

Bordoy, la sixième plus grande île des îles Féroé, est un paradis pour les amateurs d'aventure et les passionnés de l'environnement. Avec ses montagnes imposantes, ses plages spectaculaires et ses cascades jaillissantes, Bordoy offre d'innombrables possibilités d'aventure.

Points forts :

Randonnée : faites une randonnée jusqu'au sommet de Villingardalsfjall, la plus haute montagne de l'île, et soyez récompensé par de superbes vues panoramiques. Partez à la conquête de randonnées difficiles comme la route Múlin, menant à des cascades et à des prairies verdoyantes.

Escalade : testez vos talents sur les différents parcours d'escalade de l'île, adaptés aux grimpeurs de tous niveaux. Admirez les superbes parois des falaises et ressentez l'excitation de les gravir.

Kayak : pagayez sur le petit fjord de Klaksvík, flanqué de hautes falaises et d'oiseaux colorés. Explorez des criques secrètes et appréciez la splendeur de l'île sous un nouveau point de vue.

Spéléologie : embarquez pour un voyage d'exploration guidée des grottes et explorez le monde secret sous la surface de l'île. Soyez témoin d'étonnantes formations rocheuses et ressentez l'excitation de l'exploration souterraine.

Visitez le West Nordic Folk Museum : Plongez dans le riche héritage culturel des îles Féroé au West Nordic Folk Museum à Klaksvík. Explorez des expositions montrant des vêtements, des outils et des reliques traditionnels des îles Féroé, pour mieux comprendre le mode de vie de l'île.

Conseils d'initiés :

hôtel : choisissez parmi un choix d'options d'hôtel à Klaksvík, la principale ville de l'île, ou choisissez de charmantes maisons d'hôtes dans des localités plus petites comme Norðoyri et Ánir.

Transport : louez un véhicule pour une flexibilité optimale ou utilisez le système de bus public fiable reliant les grandes villes et villages.

Météo : Soyez prêt à affronter des conditions météorologiques variables. Emportez des couches, des vêtements de pluie et des chaussures robustes pour les sorties en plein air.

Tourisme respectueux : pratiquez un tourisme responsable en respectant l'environnement, les communautés locales et les traditions culturelles. Ne laissez aucune trace, faites attention aux niveaux de bruit et soutenez les entreprises locales dans la mesure du possible.

Svínoy : tranquillité isolée et paradis d'observation des oiseaux

Svínoy, la plus petite île habitée en permanence des îles Féroé, est bien plus qu'une simple petite masse continentale de l'Atlantique Nord. C'est un refuge de paix, un trésor d'activités culturelles et une vue sur le mode de vie distinctif des îles Féroé. Alors jetez vos conceptions préconçues sur les lieux touristiques bondés et préparez-vous à vous immerger dans le véritable charme de Svínoy :

Un retour dans le temps :

Anciennes maisons en tourbe : promenez-vous dans le hameau et émerveillez-vous devant les maisons en tourbe bien conservées, d'anciennes maisons féroïennes construites en pierre, en terre et en herbe. Entrez dans l'un d'entre eux, aujourd'hui transformé en musée, et imaginez la vie des générations précédentes qui ont élu domicile dans ce bâtiment inhabituel.

L'église Svínoy : visitez la pittoresque église en pierre, datant du 19e siècle, et admirez l'endroit où des générations d'insulaires se sont rassemblées pour le culte et les festivités communautaires. Observez son architecture basique mais charmante, un monument du passé culturel de l'île.

Le moulin historique : Découvrez les vestiges du moulin historique de l'île, utilisé à l'origine pour transformer les céréales pour les habitants. Imaginez l'agitation des générations précédentes et examinez le mode d'existence autosuffisant de l'île.

Traditions vivantes :

Festival de la tonte des moutons : plongez-vous dans les passionnantes célébrations de la Saint-Olav célébrées fin juillet. Assistez aux démonstrations traditionnelles de tonte de moutons, dégustez une excellente cuisine locale et rejoignez les insulaires dans des spectacles de musique et de danse colorés.

Construction de bateaux : observez les insulaires exercer leur savoir-faire séculaire en matière de construction de bateaux. Découvrez les processus anciens transmis de génération en génération et admirez le talent artistique nécessaire à la fabrication de ces navires importants pour la vie insulaire.

Langue féroïenne et narration : engagez-vous avec les gens et écoutez leurs histoires captivantes racontées dans la langue mélodieuse des îles Féroé. Découvrez son folklore, ses mythes et ses histoires et acquérez une meilleure compréhension de l'identité culturelle de l'île.

Délices culinaires :

Fêtes féroïennes faites maison : Savourez la chaleur de l'hospitalité féroïenne en rejoignant une famille pour un déjeuner traditionnel fait maison. Savourez des plats comme le røkt laks (saumon fumé), le sjúrðingur (agneau séché à l'air) et le *kók (gâteau féroïen), en savourant les goûts distincts de la cuisine de l'île.

Fruits de mer frais : des homards juteux et des moules dodues aux poissons feuilletés et à la truite de mer, découvrez les fruits de mer frais de l'île, récoltés directement dans les mers environnantes. Savourez ces délices préparés selon les traditions traditionnelles des îles Féroé, dans le respect de la relation de l'île avec la mer.

Délices de la boulangerie locale : visitez la boulangerie de l'île et dégustez du brød (pain), du bollar (petits pains sucrés) et du kakur (gâteaux) fraîchement préparés. Savourez les saveurs basiques mais exquises qui sont la marque de la cuisine féroïenne.

Au-delà de l'immersion culturelle :

Paradis de l'observation des oiseaux : Svínoy est un sanctuaire pour les ornithologues amateurs, avec différentes espèces, notamment des macareux, des guillemots, des petits pingouins et des fulmars, se reproduisant sur les falaises. Faites une randonnée jusqu'aux falaises d'oiseaux et observez les colonies animées, obtenant ainsi de magnifiques images de ces habitants à plumes.

Randonnées et promenades pittoresques : Explorez les différents paysages de l'île via des sentiers pédestres pittoresques. Partez en randonnée jusqu'au plus haut sommet, Stórhjálsur, pour admirer une vue panoramique sur les îles voisines et le grand océan. Respirez le grand air et profitez du calme de cette île lointaine.

Souviens-toi:

Hébergement : les options sont limitées à Svínoy, alors planifiez votre séjour tôt. Pensez aux maisons d'hôtes ou aux familles d'accueil pour une expérience véritablement authentique.

Transports : Les transports en commun sont rares, alors planifiez votre voyage de manière appropriée. Explorez l'île à pied ou organisez des transferts en bateau privé depuis les îles environnantes.

Tourisme respectueux : Soyez respectueux de la petite communauté et de l'écosystème délicat de l'île. Pratiquez un tourisme responsable en ne laissant aucune trace, en respectant les traditions locales et en soutenant les entreprises locales.

Svínoy est plus qu'un simple lieu ; c'est une expérience. En vous immergeant dans son tissu culturel, en découvrant ses goûts locaux et en côtoyant ses habitants chaleureux, vous découvrirez le véritable attrait de ce joyau caché des îles Féroé. Alors, préparez votre esprit d'aventure, appréciez le rythme de vie plus lent et soyez prêt à vous laisser charmer par le cœur culturel.

Expériences culturelles

Les îles Féroé, une île magnifique située au milieu de l'Atlantique Nord, attirent les touristes avec leurs paysages spectaculaires, leurs charmantes communautés et leur culture distincte prête à être découverte. Plus que de simples paysages à couper le souffle, les îles offrent une tapisserie complexe de traditions, de festivals et de coutumes locales qui s'inspirent de l'essence du peuple féroïen. Alors faites vos bagages, laissez libre cours à votre curiosité et préparez-vous à vous immerger dans les expériences culturelles qui distinguent les îles Féroé :

Délices traditionnels :

Cuisine féroïenne : embarquez pour un voyage gastronomique et découvrez les saveurs distinctes de la cuisine féroïenne. Goûtez au røkt laks (saumon fumé), un repas de base, et savourez le sjúrðingur (agneau séché à l'air), un mets typique des îles Féroé. Ne manquez pas le kók (gâteau féroïen), un délicieux dessert qui accompagne joliment une tasse de café féroïen.

Fêtes faites maison : découvrez la chaleur de l'hospitalité féroïenne en rejoignant une famille pour un déjeuner traditionnel fait maison. Plongez dans des discussions animées, découvrez les traditions locales et découvrez la cuisine originale cuisinée avec amour et des ingrédients frais.

Fêtes et célébrations :

Ólavsøka : assistez à la brillante célébration d'Ólavsøka célébrée fin juillet, en l'honneur de la fête nationale des îles. Plongez dans un festival d'une semaine rempli de courses de chevaux traditionnelles, de processions de bateaux colorées, de musique et de danse énergiques et d'un esprit joyeux qui imprègne tous les domaines.

Jóansøka : voyagez à Suðuroy et assistez au festival Jóansøka en juin. Assistez à des spectacles de musique et de danse traditionnelles des îles Féroé, participez à des concours divertissants et dégustez une délicieuse cuisine locale lors d'une joyeuse fête communautaire.

Tonte des moutons : observez le rituel séculaire de la tonte des moutons, un élément essentiel de la société féroïenne. Observez les mains expertes des insulaires pendant qu'ils tondent les moutons, découvrez l'importance de l'élevage de moutons pour l'économie de l'île et comprenez la valeur culturelle de cette tradition.

Construction de bateaux : Découvrez le savoir-faire séculaire de la construction de bateaux, pierre angulaire du patrimoine nautique féroïen. Regardez les insulaires créer des bateaux traditionnels en bois en utilisant des compétences transmises de génération en génération et admirez le dévouement et le savoir-faire nécessaires à la production de ces navires cruciaux.

Chain Dance : Participez à la danse en chaîne des îles Féroé, un rituel culturel unique où les danseurs se donnent la main et se faufilent à travers des formes complexes. Découvrez l'atmosphère collective de cette danse et expérimentez le lien avec la communauté locale.

Échos historiques :

Sites vikings : voyagez dans le temps et visitez des maisons longues vikings reconstruites sur des sites historiques, notamment Leirvík et Sandoyartun. Imaginez la vie des premiers colons, écoutez des récits captivants sur leur mode de vie et découvrez le passé viking unique des îles Féroé.

Maisons traditionnelles en tourbe : découvrez des villages pittoresques comme Múli et Kirkjubøur, où des maisons en tourbe bien préservées donnent un aperçu de l'ancien mode de vie des îles Féroé. Entrez dans l'une de ces maisons remarquables, découvrez ses processus de construction et imaginez les personnes qui y habitaient auparavant.

Art et musique :

Art féroïen : explorez la scène artistique florissante dans les galeries et les musées des îles. Découvrez les peintres féroïens actuels et leurs différentes techniques, allant des paysages traditionnels aux interprétations abstraites de l'environnement distinctif des îles.

Musique féroïenne : Plongez-vous dans les sons sombres et fascinants de la musique féroïenne. Écoutez de vieilles ballades, des chansons folkloriques modernes et même du métal féroïen et découvrez les émotions profondes et les récits culturels exprimés à travers la musique.

Au-delà de l'immersion culturelle :

Randonnées et aventures en plein air : Enfilez vos bottes et explorez différents sentiers qui longent les côtes, traversent des vallées et mènent à des cascades secrètes. Admirez des vues panoramiques spectaculaires, ressentez l'atmosphère exaltante des îles Féroé et prenez de superbes images tout au long du parcours.

Kayak et excursions en bateau : pagayez dans des mers turquoise au milieu de falaises majestueuses et visitez des criques isolées accessibles uniquement par la mer. Soyez témoin d'une vie marine variée, vivez le frisson de l'aventure et interagissez avec la nature d'une nouvelle manière.

Musique et danse traditionnelles

Les îles Féroé, une île magnifique située au milieu de l'Atlantique Nord, vibrent non seulement avec leurs paysages spectaculaires et leurs communautés attrayantes, mais aussi avec une tapisserie colorée de musique et de danse traditionnelles. Loin d'être des reliques statiques du passé, ces formes créatives continuent de prospérer, tissant un fil d'identité culturelle à travers les communautés des îles et donnant un aperçu du caractère du peuple féroïen. Alors, montez le volume et tapez du pied pendant que nous explorons les sons distinctifs et les mouvements rythmiques qui distinguent les îles Féroé :

Mélodies du Nord :

Ballades féroïennes (Kvaeði) : Voyagez dans le temps avec les kvæði, des ballades de contes épiques interprétées a cappella avec une mélodie envoûtante et une narration convaincante. Plongez-vous dans des histoires d'actions héroïques, de créatures mystiques et d'événements historiques, transmises à travers les siècles et entretenues par des chanteurs de ballades experts.

Tættir : Embarquez pour un voyage via le tættir, une poésie lyrique plus courte interprétée seul ou en petits groupes. Soyez témoin de nombreux sujets abordés, de l'amour et du chagrin à la nature et à la religion, le tout abordé avec une véritable passion et des chansons complexes.

Vísur : Rejoignez l'énergie exubérante du vísur, des airs de danse traditionnels interprétés a cappella par des groupes d'hommes ou de femmes. Tapez du pied au rythme des rythmes joyeux et découvrez l'atmosphère communautaire alors que les voix fusionnent et que les contes se développent à travers les chansons.

Instruments des Îles :

La danse en chaîne des îles Féroé : montez sur la piste de danse et profitez de la danse en chaîne typique des îles Féroé, une danse sociale exécutée en cercle avec les participants se tenant la main et dansant en rythme. Plongez-vous dans les mouvements énergiques et la musique vive, en interagissant avec la communauté locale via cette charmante coutume.

Les violons : écoutez les sons particuliers des violons, introduits au XVIIe siècle et aujourd'hui élément intrinsèque de la musique féroïenne. Leurs mélodies s'entremêlent à travers des ballades, des numéros de danse et des pièces modernes, apportant une touche triste mais édifiante à l'environnement.

Le Tambourin : Ressentez le pouls du tambourin, un instrument classique utilisé pour apporter une vitalité rythmique à la musique de danse. Observez des joueurs habiles maintenir le rythme, donnant de l'enthousiasme à l'ambiance joyeuse des réunions et des festivités communautaires.

Évolution et modernité :

Modern Folk : Plongez-vous dans le milieu dynamique de la musique folk moderne. Observez les musiciens féroïens actuels s'inspirer du patrimoine tout en combinant de nouveaux instruments, genres et influences, créant ainsi un paysage sonore dynamique et en pleine croissance.

Faroese Metal : Headbang aux sons surprenants du métal féroïen, une musique unique qui fusionne des mélodies traditionnelles avec des riffs et des paroles métalliques puissants. Découvrez des groupes comme Týr et Hamferð, démontrant l'inventivité et la variété de l'expression musicale féroïenne.

Spectacles et festivals de danse : découvrez la combinaison fascinante de chorégraphies classiques et modernes dans des spectacles et des festivals de danse tout au long de l'année. Observez des danseurs étonnants réinterpréter des contes historiques, montrant l'histoire culturelle à travers le mouvement et de magnifiques costumes.

S'engager avec la tradition :

Assistez à une Kvøldseta : plongez-vous dans la tradition féroïenne des kvøldseta, des soirées décontractées où les résidents se réunissent pour chanter, parler et partager des histoires. Écoutez des ballades, découvrez les traditions locales et interagissez avec la communauté via des expériences culturelles partagées.

Participez à un atelier de musique : perfectionnez vos talents musicaux en vous inscrivant à un atelier de musique, en apprenant à jouer des instruments traditionnels ou en chantant des chansons féroïennes avec des musiciens experts. Connectez-vous avec la communauté créative locale et acquérez une compréhension plus approfondie de la riche tradition musicale.

Soutenez les musiciens locaux : montrez votre amour pour la musique et la culture de la danse féroïennes en assistant à des concerts, en achetant des disques et en soutenant les musiciens locaux. Contribuer à la préservation et à la croissance de ces trésors culturels tout en profitant de leurs manifestations distinctes.

Explorer la musique et la danse traditionnelles des îles Féroé est plus qu'une simple expérience audio ou visuelle ; c'est un voyage au cœur de la culture des îles. Des mélodies lugubres des chansons anciennes aux mouvements explosifs de la danse en chaîne, ces manifestations donnent un aperçu de l'essence du peuple féroïen, de son histoire et de son esprit vif. Alors, ouvrez vos oreilles, tapez du pied et soyez prêt à vous laisser charmer par les bruits et les mouvements particuliers qui distinguent cet intriguant archipel.

Cuisine

Les îles Féroé, célèbres pour leurs panoramas spectaculaires et leurs communautés pittoresques, recèlent également un trésor secret : une cuisine distinctive et intrigante fortement imprégnée de l'histoire et de la nature de l'île. Loin d'être ennuyeuse et isolée, la cuisine féroïenne offre une gamme surprenante de goûts, combinant des ingrédients frais et locaux et des techniques de cuisson traditionnelles pour produire des plats à la fois savoureux et culturellement significatifs. Alors préparez vos papilles à un voyage à la découverte des merveilles gastronomiques des îles Féroé :

De la mer à la table :

Symphonie des fruits de mer : Préparez-vous pour un festin de fruits de mer ! Les cours d'eau environnants fournissent une pléthore de poissons, de crabes et de crustacés, constituant l'épine dorsale de la cuisine féroïenne. Savourez les goûts délicats du røkt laks (saumon fumé), un mets délicat des îles Féroé, savourez la riche texture des langostines (crevettes royales) et admirez la chair sucrée et juteuse de la lotte.

Prise fraîche du jour : découvrez la coutume féroïenne unique du grindadrap, la récolte durable des globicéphales. Goûtez au grindabjør (charque de globicéphale), un repas traditionnel au goût particulier, ou essayez le grindaboli (boulettes de viande de globicéphale), une version plus actuelle.

Les oiseaux de mer prennent leur envol : adoptez le côté audacieux de votre palette et essayez le macareux, un mets typique des îles Féroé. Profitez de son goût giboyeux particulier ou optez pour d'autres oiseaux marins comme le fulmar ou le guillemot. N'oubliez pas qu'un approvisionnement responsable et une consommation éthique sont essentiels pour ces aliments.

Harmonie Terre et Mer :

L'agneau avec une touche d'originalité : l'élevage de moutons joue un rôle clé dans la société féroïenne et l'agneau apparaît en grande partie dans la cuisine. Savourez la saveur particulière du sjúrðingur, un agneau séché à l'air au parfum salé et fumé, un hommage aux anciennes techniques de conservation. Pour une touche contemporaine, offrez-vous le færøysk seyðahøna (agneau rôti des îles Féroé) servi avec des herbes et des légumes locaux.

De la racine à la feuille : profitez des possibilités végétales limitées mais puissantes. Savourez la délicatesse des navets cultivés sous le soleil de minuit, appréciez les saveurs terreuses des pommes de terre et savourez la texture distinctive de la rhubarbe, souvent combinée dans des délices sucrés et des recettes salées.

Saveurs fermentées : Plongez dans le monde du garnatálg, du suif de mouton fermenté au parfum piquant et au goût robuste. Utilisé avec parcimonie pour sa saveur riche en umami, il ajoute de la profondeur aux repas classiques. Préparez-vous à une forte sensation sensorielle !

Au-delà de l'assiette :

Fêtes faites maison : Plongez dans la chaleur de l'hospitalité féroïenne en rejoignant une famille pour un festin fait maison. Savourez des plats traditionnels créés avec amour et des ingrédients frais, participez à des discussions animées et découvrez les traditions locales et la culture culinaire.

Brasseries locales : découvrez la culture de la bière artisanale en développement dans les îles Féroé. Des bières blondes aux stouts, découvrez des bières distinctives produites avec des ingrédients locaux et influencées par la nature et les traditions de l'île.

Fins sucrées : terminez votre voyage gastronomique en dégustant des friandises féroïennes. Offrez-vous le kók (gâteau féroïen), une génoise riche et savoureuse généralement remplie de confiture ou de crème, ou offrez-vous l'eysturbrød (pain de

Pâques), un pain sucré et épicé généralement savouré pendant les festivités de Pâques.

Tourisme responsable:

Soyez prudent face aux ressources limitées et à l'environnement unique des îles Féroé. Choisissez des repas créés avec des ingrédients soigneusement produits et durables.

Respectez les coutumes et traditions locales en matière de nourriture et de procédures de récolte.

Soutenez les producteurs et les restaurants locaux, en contribuant à la préservation et à la croissance de la nourriture féroïenne.

Explorer la cuisine féroïenne ne consiste pas seulement à satisfaire vos sens gustatifs ; il s'agit de se connecter avec la terre, la mer et les habitants des îles. Alors, appréciez les goûts surprenants, explorez l'importance culturelle de chaque plat et partez pour un délicieux voyage qui vous permettra de mieux apprécier le caractère culinaire distinctif des îles Féroé.

Festivals et événements

Les îles Féroé, au-delà de leurs paysages spectaculaires et de leurs charmantes communautés, vibrent avec une riche tapisserie de festivals et d'événements. Ces événements, fortement ancrés dans l'histoire et mêlés à la vitalité contemporaine, donnent un aperçu de l'essence du peuple féroïen. Alors, marquez vos calendriers, préparez votre attitude festive et soyez prêt à vous laisser emporter par l'énergie unique qui se développe tout au long de l'année :

Célébrations nationales :

Ólavsøka : assistez au spectacle spectaculaire d'Ólavsøka, la fête nationale des îles Féroé qui a lieu fin juillet. Plongez-vous dans un festival d'une semaine rempli de courses de chevaux traditionnelles, de processions de bateaux colorées, de spectacles de musique et de danse énergiques et d'un esprit joyeux imprégnant chaque coin de rue. Assistez aux événements de la Fête nationale comprenant des discours, des rituels de lever de drapeau et de la musique traditionnelle féroïenne pour mettre en valeur l'histoire culturelle des îles.

Jóansøka : voyagez à Suðuroy et assistez au festival Jóansøka en juin. Assistez à des spectacles de musique et de danse traditionnels des îles Féroé, participez à des activités divertissantes telles que des courses de bateaux et des démonstrations de tonte de moutons, et dégustez une excellente cuisine locale lors d'un joyeux festival communautaire.

Délices de saison :

Magie de Noël : embrassez la chaleur et la beauté du Noël féroïen. Découvrez des villes décorées de manière festive, adonnez-vous aux chants de Noël traditionnels et dégustez des spécialités locales distinctives comme le røkt laks (saumon fumé) et le laufabandur (pain plat multicouche). La visite en bateau de Noël à Klaksvík, où des bateaux illuminés et ornés de lumières éblouissantes naviguent dans le port, est une expérience merveilleusement spectaculaire.

Réjouissances du solstice d'été : participez aux festivités animées du solstice d'été qui se déroulent autour des îles. Assistez à des feux de joie illuminant le ciel nocturne, participez à des danses traditionnelles comme la danse en anneau et écoutez des spectacles musicaux énergiques alimentés par l'esprit des longues journées d'été.

Escapades insulaires :

Festival des oiseaux de Vestmanna : embarquez pour une expédition d'observation des oiseaux lors du magnifique festival des oiseaux de Vestmanna en juillet. Observez différentes colonies d'oiseaux marins sur de superbes falaises, participez à des excursions guidées et découvrez l'importance de la conservation des oiseaux dans les îles Féroé.

Blást Festival : Plongez dans le monde de la musique électronique lors du Blást Festival à Sandoy en septembre. Dansez au son de DJ internationaux dans le paysage insulaire à couper le souffle et découvrez le mélange unique de musique et d'environnement.

Rassemblements communautaires :

Roundups de moutons (Grind) : Soyez témoin du Grind traditionnel (rafles de moutons) alors que les moutons sont rassemblés des hautes terres vers les communautés. Bien que cette pratique puisse être controversée, elle constitue un élément essentiel de l'héritage culturel des îles Féroé et donne un aperçu des techniques de gestion des ressources des îles.

Concours sportifs locaux : Plongez dans l'atmosphère communautaire en assistant à des compétitions sportives locales, notamment des courses d'aviron, des matchs de football et des épreuves de natation. Encouragez les athlètes, profitez de la compétition amicale et faites partie de la culture sportive animée des îles Féroé.

Vivre les festivités :

Planifiez votre voyage : les festivals populaires comme Ólavsøka et Jóansøka attirent énormément de monde, alors planifiez votre hébergement et vos activités longtemps à l'avance.

Respectez les traditions locales : soyez sensible aux sensibilités culturelles et habillez-vous modestement lorsque vous assistez à des services religieux ou à des activités traditionnelles.

Engagez-vous avec la communauté : interagissez avec les gens, découvrez l'importance de chaque festival et participez à des événements avec un esprit ouvert et une enquête polie.

Encouragez les entreprises locales : choisissez des restaurants, des magasins et des fournisseurs d'hébergement locaux pour contribuer à l'économie des îles et encourager une atmosphère joyeuse.

De la grandeur des festivités nationales à l'attrait intime des petits rassemblements, les festivals et événements féroïens offrent une variété d'expériences culturelles. Plongez-vous dans la musique, la danse, la cuisine et les coutumes et découvrez la chaleur et la vitalité du peuple féroïen. N'oubliez pas que ces festivals ne sont pas seulement destinés au divertissement ; ils sont l'occasion de se connecter à l'histoire unique des îles et de créer des souvenirs qui dureront toute une vie.

Andréa Frost

CHAPITRE QUATRE

Aventures en plein air

Les îles Féroé, nichées dans le magnifique cadre de l'Atlantique Nord, sont bien plus que de simples petites communautés et des paysages pittoresques. C'est un paradis pour les aventuriers, un terrain de jeu sculpté par le vent, la mer et le feu volcanique, avec des expériences qui passionnent, stimulent et vous coupent le souffle. Alors, enfilez vos bottes, retrouvez votre esprit d'aventure et préparez-vous à découvrir la beauté sauvage des îles Féroé :

Randonnée paradisiaque :

Escalader les sommets : explorez divers sentiers qui longent les côtes escarpées, serpentent à travers des vallées verdoyantes et mènent à des cascades secrètes. Mykinesfjall, sur l'île de Mykines, offre une vue panoramique sur l'immense océan et les hautes falaises ornithologiques. Faites une randonnée jusqu'à Slaettaratindur, la plus haute montagne des îles Féroé, et sentez-vous accompli lorsque vous vous trouvez au sommet du globe.

Les routes côtières, telles que les falaises de Stóril sur l'île de Streymoy et les falaises de Vestmannabjørgini sur l'île de Vágar, offrent un vent océanique rafraîchissant. Observez de superbes formations rocheuses sculptées par la mer, interagissez avec une variété d'oiseaux et découvrez la force brute de la nature.

Vallées cachées : découvrez des vallées tranquilles telles que la vallée de Sámal sur l'île de Streymoy et Gásadalur sur Vágar. Promenez-vous dans les prairies luxuriantes, découvrez des cascades et découvrez la tranquillité d'une nature intacte.

Aventures en kayak de mer :

Pagayez au paradis : faites du kayak le long d'imposantes falaises, visitez des criques isolées accessibles uniquement par l'eau et observez une variété d'espèces aquatiques. Explorez les eaux bleues du fjord de Klaksvík sur l'île de Bordoy ou les grottes à couper le souffle de Vestmannabjørgini sur l'île de Vágar. Vivez le frisson de l'aventure et connectez-vous avec le littoral distinctif des îles depuis un point de vue unique.

Rencontres avec la faune : observez des macareux animés nichant sur les falaises, de magnifiques aigles de mer volant dans les cieux et des phoques curieux se prélassant sur les rochers. Le kayak offre des possibilités exceptionnelles d'observer la faune diversifiée des îles Féroé dans leur environnement naturel.

Excursions d'île en île uniques : partez pour des aventures audacieuses en kayak vers plusieurs îles Féroé. Découvrez des joyaux cachés comme Sandoy et Suðuroy, des plages isolées, des paysages diversifiés et des communautés attrayantes d'un point de vue unique.

Les plaisirs de la pêche :

Aventure de pêche à la ligne : lancez votre ligne et profitez de l'excitation de pêcher la morue, le lieu noir, le flétan et d'autres espèces de poissons abondantes. Rejoignez une expédition de pêche guidée pour découvrir de nouvelles zones de pêche et déguster les prises les plus fraîches, cuisinées à la manière traditionnelle des îles Féroé.

Le bonheur de la pêche à la mouche : les rivières et les lacs aux eaux cristallines regorgeant de truites brunes et de saumons de l'Atlantique sont un paradis pour les pêcheurs à la mouche. Lancez votre ligne dans le lac Leynavatn sur l'île de Streymoy ou découvrez des ruisseaux secrets au milieu de paysages époustouflants.

Pratiques durables : pour protéger l'écologie marine sensible des îles Féroé, respectez les restrictions de pêche et adhérez à des pratiques durables. Choisissez des vacances de pêche éthiques et aidez les populations de poissons locales en soutenant les initiatives de conservation.

Au-delà de l'habituel :

Escalade : testez vos limites sur une variété de voies d'escalade adaptées aux grimpeurs de tous niveaux. Testez vos capacités sur les falaises difficiles de Stóri Drangur sur l'île de Vágar, ou profitez de l'excitation des ascensions de grandes longueurs sur Risin et Kellingin sur l'île d'Eysturoy.

Exploration spéléologique : participez à un voyage guidé dans le monde secret situé sous les îles. Explorez des cavernes volcaniques, telles que Kirkjuhellir sur Streymoy et les cavernes Vatnahøvdi sur Suðuroy, pour explorer des cascades secrètes et des formations rocheuses inhabituelles, et découvrez le passé géologique des îles.

Équitation : découvrez les paysages des îles Féroé à cheval. Galopez le long de magnifiques itinéraires, trouvez des endroits isolés inaccessibles à pied et profitez de la sensation distincte d'explorer les différents paysages des îles sur ces doux géants.

Souviens-toi:

Préparez-vous à des conditions météorologiques variables. Emportez des couches, des vêtements imperméables et des chaussures durables pour vos sorties en plein air.

Respectez l'environnement : soyez conscient de l'environnement délicat des îles Féroé. Ne laissez aucune trace, protégez les animaux et respectez les itinéraires autorisés pour minimiser votre effet.

Guides autochtones : envisagez d'embaucher des guides autochtones pour des raisons de sécurité, d'informations privilégiées et une meilleure compréhension de l'écologie et de la culture distinctes des îles.

Les îles Féroé offrent une expérience de plein air pas comme les autres. Des randonnées passionnantes et passionnantes

Sentiers de randonnée et promenades dans la nature

Les îles Féroé, une magnifique île cachée dans l'Atlantique Nord, sont idéales pour les amateurs de plein air. Avec de superbes falaises, des vallées verdoyantes et des plages accidentées, les îles offrent un large choix de sentiers de randonnée et de randonnées dans la nature, idéales pour tous les niveaux. Que vous préfériez une promenade tranquille ou une randonnée intense, vous trouverez le moyen idéal pour découvrir la magnifique nature des îles Féroé.

Voici quelques-uns des sentiers de randonnée et des promenades dans la nature les plus populaires des îles Féroé :

Facile:

Balade Saksun Lagoon : Cette balade courte et simple vous emmène autour des plages du magnifique Saksun Lagoon, qui offre une vue imprenable sur les montagnes environnantes et l'océan Atlantique. Le sentier est bien entretenu et adapté à tous les âges et à tous les niveaux.

Promenade dans la ville de Tjørnuvík : Cette magnifique promenade commence dans la charmante ville de Tjørnuvík et continue le long de la côte, en passant par de superbes formations rocheuses et des baies isolées. Les vues sont fantastiques.

Randonnée de Gjógv : Cette courte randonnée vous mène au village de Gjógv, où vous découvrirez un port naturel formé par une grotte effondrée. La randonnée offre une vue imprenable sur les montagnes environnantes et l'océan.

Modéré:

Promenade au phare de Kalsoy : Cette montée modérée mène au phare de Kallsoy, situé à l'extrémité ouest de l'île de Kalsoy. Les vues depuis le phare sont époustouflantes et la randonnée en elle-même est un effort gratifiant.

Cette montée modérée mène au magnifique lac Sørvágsvatn et à l'impressionnante cascade de Bøsdalafossur. La promenade comporte un terrain difficile, mais les vues en valent bien la peine.

Mykines Walk : Ce voyage modéré vous mène à l'île de Mykines, où vous pourrez voir des macareux nicher sur les falaises. La randonnée est parfois difficile, mais l'occasion d'observer de près ces incroyables créatures est mémorable.

Difficile:

Slaettaratindur est la plus haute montagne des îles Féroé et cette randonnée ardue mène à son sommet. Le voyage est long et difficile, mais les vues depuis le sommet sont tout simplement à couper le souffle.

Villingardalsfjall : Cette randonnée intense vous mène à travers la chaîne de montagnes à couper le souffle de Villingardalsfjall. Le parcours est raide et rocheux à certains endroits, mais le paysage est à couper le souffle.

Ce ne sont là que quelques-uns des nombreux itinéraires de randonnée et randonnées dans la nature accessibles aux îles Féroé. Avec autant de possibilités disponibles, vous êtes assuré de découvrir l'expérience idéale qui correspond à vos intérêts et à vos talents.

Conseils pour la randonnée aux îles Féroé :

Vérifiez les prévisions météorologiques avant de partir, car les circonstances peuvent changer rapidement.

Les chemins peuvent être boueux et dangereux, alors portez des chaussures solides et des vêtements imperméables.

Préparez-vous à des vents violents, surtout si vous faites une randonnée le long du rivage.

Emportez beaucoup de nourriture et de boissons, car il y a peu de magasins ou de restaurants le long des sentiers.

Faites savoir à quelqu'un où vous allez et quand vous avez l'intention de revenir.

Respectez l'environnement en ne laissant aucune trace.

Avec une planification et une préparation appropriées, vous pourrez faire une randonnée sûre et amusante dans les îles Féroé. Alors enfilez vos bottes, prenez votre sac et préparez-vous à découvrir la splendeur de ces merveilleuses îles !

Observation des oiseaux et observation de la faune

Les îles Féroé, un magnifique archipel de l'Atlantique Nord, sont une destination prisée des ornithologues amateurs et des amoureux de la faune du monde entier. Avec des falaises spectaculaires regorgeant d'oiseaux colorés, un terrain varié abritant des espèces inhabituelles et des voies navigables cristallines grouillant de mammifères marins, les îles offrent une expérience faunique sans précédent. Alors à vos jumelles, préparez votre curiosité et soyez prêt à vous laisser surprendre :

Paradis aviaire :

Espèces spectaculaires : plus de 300 espèces d'oiseaux ont été signalées aux Féroé, dont environ 110 nichent ou migrent régulièrement ici. Observez les légendaires colonies de macareux de Mykines et de Vágar, admirez le magnifique macareux moine planant dans le ciel et laissez-vous surprendre par les performances acrobatiques des guillemots noirs et des mouettes tridactyles.

Drame à flanc de falaise : promenez-vous le long des superbes falaises pour observer des centaines d'oiseaux se reproduire et interagir naturellement. Observez les fulmars flottant délicatement au gré des courants d'air, les guillemots émettant des bruits bruyants et les fous de Bassan plongeant à l'unisson pour attraper des poissons.

Merveilles migratoires : admirez le spectacle saisonnier des oiseaux migrateurs. Observez de vastes groupes de sternes arctiques venant d'Afrique, admirez les couleurs vives des étoiles rouges et des épis de blé et laissez-vous captiver par les ailes délicates des pluviers dorés.

Au-delà des oiseaux :

Mammifères marins : faites une excursion en bateau pour observer des marsouins communs animés, de magnifiques dauphins à nez blanc de l'Atlantique et des baleines à bosse occasionnelles.

Vie terrestre : surveillez les phoques qui se prélassent sur les côtes rocheuses, les moutons des îles Féroé qui bêlent et les loutres qui gambadent dans l'eau. Des oiseaux marins tels que les Fulmars, les Mouettes tridactyles et les Guillemots vivent également sur les îles.

Observation responsable de la faune :

Évitez les bruits forts et les mouvements inattendus à proximité des lieux de nidification. Utilisez des jumelles et des télescopes pour observer les oiseaux plutôt que de vous en approcher directement.

Soutenez le tourisme responsable en sélectionnant des entreprises qui favorisent le bien-être animal et protègent l'environnement.

Ne laissez aucune trace : jetez les déchets correctement et évitez de laisser tout ce qui pourrait mettre les animaux en danger.

Expériences inoubliables :

Rejoignez une visite guidée : des guides expérimentés peuvent vous aider à identifier diverses espèces, vous donner un aperçu de leur comportement et vous transporter vers les meilleurs sites d'observation de la faune.

Visitez l'île de Mykines : cet habitat de macareux offre des interactions rapprochées avec ces oiseaux captivants ainsi qu'un magnifique paysage à flanc de falaise.

Explorez les falaises d'oiseaux de Vestmanna : des milliers d'oiseaux marins nichent sur de superbes falaises accessibles uniquement par bateau.

Embrassez la vie insulaire en séjournant dans les communautés locales, en interagissant avec les habitants et en découvrant leur stratégie de gestion durable de la faune.

N'oubliez pas : les interactions avec la faune sont inattendues, la patience et le respect de l'environnement des animaux sont donc essentiels. Avec une attitude responsable et un esprit ouvert, les îles Féroé vous offriront de merveilleux souvenirs des beautés de la nature.

Astuce bonus : visitez pendant la saison des amours (mai-août) pour profiter des meilleures opportunités d'observation des oiseaux. Cependant, les îles offrent des rencontres uniques avec des animaux toute l'année.

Excursions en Mer et Tours en Bateau

Embarquez pour des aventures inoubliables : excursions en mer et tours en bateau aux îles Féroé.

Les îles Féroé, avec leurs côtes spectaculaires, leurs falaises imposantes et leurs mers cristallines, offrent certaines des aventures maritimes et des croisières en bateau les plus distinctives et passionnantes au monde. Naviguer autour des îles vous permet de profiter de leur beauté spectaculaire d'un nouveau point de vue, d'interagir avec diverses vies marines et de découvrir la riche histoire et la culture du peuple féroïen. Alors, à votre pied marin, enfilez votre gilet de sauvetage et préparez-vous à être surpris :

Aventures d'île en île :

Explorez les trésors cachés : faites un voyage d'île en île en visitant les îles Féroé telles que Streymoy, Vágar, Mykines et Sandoy. Découvrez des villes pittoresques, des criques secrètes et des vues époustouflantes, chacune avec son caractère distinct.

Les points forts des îles Streymoy et Vágar comprennent les falaises aux oiseaux de Vestmanna, le port naturel de Gjógv et la colonie de Tjørnuvík.

Île de Mykines : visitez Mykines, un paradis pour les ornithologues amateurs, réputé pour ses immenses colonies de macareux. Observez ces magnifiques créatures de près, explorez les falaises de l'île et profitez du magnifique environnement.

Explorez l'île la plus méridionale de Suðuroy, réputée pour ses superbes falaises, ses plages cachées et ses magnifiques villages. Explorez le village de Trongisvágur et la cascade de Múlafossur pour vous immerger dans l'ambiance distinctive de l'île.

Rencontres avec la faune :

Merveilles d'observation des baleines : participez à une passionnante croisière d'observation des baleines pour observer des espèces magnifiques comme les baleines à bosse, les petits rorquals et les globicéphales qui font surface. Laissez-vous charmer par leur taille et leur élégance alors qu'ils glissent sur les mers claires.

Puffin Paradise : Soyez témoin de l'enchantement de centaines de macareux se reproduisant sur les majestueuses falaises. Observez leurs dandinements hilarants, leurs becs multicolores et leur comportement intrigant dans leur environnement naturel.

Colonies de phoques : Passées par des colonies de phoques espiègles se prélassant sur les côtes rocheuses. Observez leur comportement curieux, écoutez leurs aboiements et admirez leurs mouvements élégants dans l'eau.

Expériences uniques :

Explorez les tunnels marins : faites un voyage passionnant dans des tunnels marins secrets sculptés par la force de l'océan. Observez des formations rocheuses inhabituelles, ressentez les embruns des vagues et découvrez la beauté cachée sous la surface.

Excursions de pêche : lancez votre ligne et profitez de l'excitation de pêcher la morue, le lieu noir, le flétan et d'autres espèces de poissons abondantes. Savourez les prises fraîches cuites à la manière traditionnelle des îles Féroé et découvrez les saveurs distinctes de la mer.

Aventures en kayak : pagayez le long du littoral spectaculaire, découvrez des criques isolées accessibles uniquement par l'eau et observez diverses espèces marines depuis un point de vue unique. Faites du kayak sur d'imposantes falaises, explorez des plages tranquilles et ressentez l'émotion de ne faire qu'un avec la nature.

Conseils pour les excursions en mer et les excursions en bateau :

Habillez-vous en fonction de la météo, qui peut changer rapidement. Portez des couches chaudes, des vêtements imperméables et des chaussures solides.

Réservez à l'avance : les voyages populaires, en particulier pendant la haute saison, se vendent rapidement. Pour garantir votre place, réservez-la longtemps à l'avance.

Respectez l'environnement : faites attention aux animaux, évitez de perturber les lieux de nidification et jetez correctement les déchets.

Choisissez des opérateurs responsables : recherchez des voyages qui favorisent les méthodes durables et préservent l'habitat marin fragile.

Les îles Féroé offrent de merveilleuses excursions marines et croisières en bateau, répondant à une variété d'intérêts et de goûts. Alors partez naviguer, découvrez des côtes magnifiques, rencontrez des créatures intrigantes et créez des souvenirs qui dureront toute une vie.

Expériences de pêche

Les îles Féroé, une île montagneuse nichée dans l'Atlantique Nord, ne sont pas simplement reconnues pour leurs panoramas spectaculaires et leurs jolis villages. Ils constituent également le rêve de tout pêcheur, offrant différentes expériences de pêche, allant des sorties en haute mer aux explorations calmes des fjords. Alors, prenez votre canne, préparez-vous pour un voyage énergisant et préparez-vous à ramener de merveilleux souvenirs :

Pêche en haute mer palpitante :

Ocean Bounty : embarquez pour un voyage de pêche en haute mer et testez vos capacités contre de gros poissons comme la morue, le lieu noir, le flétan et même le monstre requin du Groenland. Vivez le frisson d'adrénaline en affrontant ces monstres sous-marins et savourez les prises fraîches cuites à la manière traditionnelle des îles Féroé.

Louez votre voyage : choisissez parmi une gamme de bateaux charter équipés d'équipements actuels et de capitaines qualifiés qui connaissent les meilleurs lieux de pêche. Que vous soyez pêcheur aguerri ou novice curieux, il y a une activité faite pour vous.

Techniques respectueuses : Faites attention aux restrictions locales et aux techniques de pêche durables pour maintenir l'écologie marine unique des îles Féroé. Optez pour des excursions consacrées à la pêche responsable et à la réduction de leur impact environnemental.

Pêche sereine dans le fjord :

Larguez les amarres en toute tranquillité : Plongez dans la splendeur calme des fjords des îles Féroé et lancez votre ligne pour la truite brune et le saumon de l'Atlantique. Profitez de l'environnement tranquille, émerveillez-vous devant le magnifique paysage et profitez de la sérénité de la nature en attendant une collation.

Guides locaux pour les trésors cachés : faites appel à l'expérience de guides de pêche locaux qui connaissent les secrets cachés des fjords et peuvent vous diriger vers les zones de pêche idéales. Découvrez les pratiques indigènes, plongez-vous dans la culture de la pêche féroïenne et obtenez des informations utiles.

Paradis de la pêche à la mouche : les amateurs de pêche à la mouche trouveront la paix dans les rivières aux eaux cristallines et les lacs remplis de poissons. Affinez vos capacités de lancer contre des truites brunes agiles, testez-vous contre des saumons de l'Atlantique robustes et ressentez la joie d'attraper une prise à la mouche.

Expériences de pêche uniques :

Pêche au soleil de minuit : prolongez vos heures de pêche sous la merveilleuse lumière du soleil de minuit. Lancez votre ligne dans une lumière surréaliste, profitez de l'atmosphère unique des îles Féroé à cette saison particulière et peut-être capturez une prise supplémentaire sous un soleil qui ne se couche jamais.

Pêche depuis la côte : profitez de la facilité de pêche depuis la côte dans des zones facilement accessibles comme les jetées portuaires ou les affleurements rocheux. Lancez votre ligne pour des espèces de poissons moindres, détendez-vous au bord de l'eau et ressentez la sensation de connexion avec le monde naturel.

Au-delà du piège :

Méthodes durables : soyez conscient des règles de pêche locales et observez des méthodes durables pour maintenir l'habitat marin sensible. Envisagez des méthodes de capture et de remise à l'eau ou prenez juste ce dont vous avez besoin.

Soutenez les communautés locales : optez pour des excursions de pêche détenues et organisées par les communautés locales.

Cela garantit que votre don aide directement les îles et soutient leurs techniques de pêche durables.

Immersion culturelle : discutez avec les pêcheurs locaux, découvrez leurs compétences et pratiques traditionnelles et développez une meilleure connaissance de la culture de la pêche féroïenne.

Souviens-toi:

Conditions météorologiques : Soyez prêt à affronter des conditions météorologiques variables. Habillez-vous chaudement, portez des vêtements imperméables et apportez de la crème solaire et des lunettes de soleil.

Permis de pêche : Obtenez un permis de pêche valide avant de lancer votre ligne. Les licences peuvent être acquises en ligne ou dans les centres d'information touristique locaux.

La sécurité d'abord : mettez toujours l'accent sur la sécurité. Assurez-vous de bien comprendre les exigences de sécurité des bateaux, utilisez un gilet de sauvetage si nécessaire et soyez attentif à votre environnement.

Que vous soyez un pêcheur chevronné ou un débutant curieux, les îles Féroé offrent des expériences de pêche exceptionnelles dans des endroits époustouflants. Alors lancez votre ligne, connectez-vous à la nature et créez des souvenirs qui dureront toute une vie.

Points chauds de la photographie

Bien sûr, voici quelques-uns des plus grands lieux photographiques des îles Féroé :

Littoraux spectaculaires :

Falaises aux oiseaux de Vestmanna : d'imposantes falaises remplies d'oiseaux marins, notamment des macareux, des guillemots et des fous de Bassan, offrent d'excellentes opportunités de prendre des photos. Capturez les formations rocheuses spectaculaires sculptées par l'eau et les couleurs éclatantes des colonies d'oiseaux.

Ville de Tjørnuvík : Cette ville pittoresque située entre des falaises spectaculaires offre de magnifiques paysages de cottages colorés, de toits de tourbe traditionnels et d'un port flanqué de montagnes escarpées. Photographiez la ville baignée de lumière dorée après l'aube ou le coucher du soleil pour une photo encore plus belle.

Phare de Kalsoy : Situé à l'extrémité ouest de l'île de Kalsoy, ce phare renommé construit sur une corniche rocheuse offre une vue imprenable sur l'océan Atlantique et les falaises environnantes. Capturez la magnifique présence du phare sur l'étendue de la mer.

Paysages uniques :

Lac Sørvágsvatn et cascade de Bøsdalafossur : admirez le magnifique lac Sørvágsvatn qui semble suspendu au-dessus des falaises océaniques et l'énorme cascade de Bøsdalafossur qui se jette dans la mer. Photographiez l'interaction dynamique de l'eau, de la roche et du ciel sous différents angles pour capturer la beauté de la région.

Communauté de Gásadalur : accessible uniquement par hélicoptère ou par tunnel piétonnier, cette communauté isolée entourée de hautes montagnes et d'une cascade se jetant dans la mer offre le rêve d'un photographe. Capturez les bâtiments pittoresques nichés dans un terrain spectaculaire et la vue unique sur la cascade tombant en cascade dans l'océan.

Montagne Slaettaratindur : faites une randonnée jusqu'au sommet de Slættaratindur, la plus haute montagne des îles Féroé, et soyez récompensé par de superbes vues panoramiques sur tout l'archipel. Capturez la grandeur du paysage, les différents terrains et le point de vue unique depuis le point culminant des Féroé.

Villages de Charme et Culture :

Vieille ville de Tórshavn : explorez les cottages colorés, les petites ruelles et l'ancien port de Tórshavn, la capitale des îles Féroé. Capturez l'architecture classique des îles Féroé, l'atmosphère dynamique de la ville et le front de mer pittoresque rempli de bateaux de pêche.

Ville de Saksun : Cette charmante ville avec ses maisons traditionnelles aux toits de tourbe, son magnifique lagon et ses montagnes majestueuses en toile de fond donne un aperçu de la culture et de l'histoire des îles Féroé. Photographiez la ville baignée dans la douce lumière de l'aube ou du coucher du soleil pour une photographie encore plus évocatrice.

Village de Gjógv : Ce petit village niché dans un port naturel formé par une grotte effondrée offre une occasion de prendre des photos inhabituelles. Capturez les bâtiments colorés accrochés aux falaises, l'entrée spectaculaire du port et les modestes bateaux de pêche se détendant dans les mers tranquilles.

Spectacles saisonniers :

Festivités du solstice d'été : capturez les couleurs brillantes et l'ambiance joyeuse des festivités du solstice d'été des îles Féroé, avec des feux de joie traditionnels, des costumes colorés et des spectacles de musique et de danse énergiques.

Aurores boréales : en hiver, découvrez la beauté à couper le souffle des aurores boréales scintillant dans le ciel nocturne. Photographiez les teintes brillantes et la beauté éthérée de cet événement naturel sur fond de campagne féroïenne.

Colonies de macareux : capturez les dandinements hilarants, les becs colorés et le comportement intéressant des macareux nichant sur les majestueuses falaises pendant la saison de reproduction (mai-août).

Conseils pour la photographie aux îles Féroé :

Préparez-vous à des conditions météorologiques incertaines et apportez des vêtements appropriés.

Respectez l'environnement et ne laissez aucune trace.

Soyez conscient des propriétés privées et obtenez la permission avant de photographier sur des terrains privés.

Utilisez un trépied pour les photographies à exposition longue et pour obtenir des images claires par temps venteux.

Expérimentez avec différentes perspectives, compositions et éclairages pour produire des images distinctives et puissantes.

N'oubliez pas que les plus belles images vont souvent au-delà de la beauté et véhiculent un récit sur la région, ses habitants et sa culture. Alors explorez, connectez-vous avec les gens et laissez libre cours à votre imagination pour capturer l'esprit authentique des îles Féroé dans vos images.

Une semaine au pays des merveilles : itinéraire de 7 jours pour les îles Féroé

Les îles Féroé, un archipel spectaculaire de l'Atlantique Nord, offrent un voyage incroyable avec des paysages à couper le souffle, des communautés attrayantes et une culture dynamique. Ce circuit de 7 jours vous emmène dans un voyage autour des îles, vous plongeant dans leur beauté naturelle, leurs coutumes distinctes et leur caractère local.

Jour 1 : Tórshavn et immersion culturelle

Matin : Explorez Tórshavn, la capitale, avec son littoral coloré, ses petites ruelles et ses trésors historiques. Visitez la péninsule de Tinganes, siège du Parlement féroïen depuis le 9ème siècle, et appréciez les bâtiments de Tinganes, les plus anciens bâtiments en bois continuellement habités de Scandinavie. Promenez-vous dans la vieille ville, profitez de son ambiance animée et visitez les entreprises locales.

Après-midi : Plongez dans la culture féroïenne au Musée national des îles Féroé. Découvrez la riche histoire des îles, des colonies vikings à la vie actuelle, via des expositions et des reliques intéressantes.

Le soir, savourez un repas typique des îles Féroé dans un petit restaurant, en dégustant des spécialités comme le røkt laks (saumon fumé) et le spæðmatur (agneau séché).

Jour 2 : Falaises aux oiseaux de Vestmanna et excursion passionnante en bateau

Matin : Embarquez pour une passionnante croisière en bateau au départ de Vestmanna, en parcourant les magnifiques falaises remplies de différents oiseaux. Observez des centaines de macareux, de guillemots et de fous de Bassan nicher sur les falaises et obtenez des images étonnantes de leurs couleurs vives et de leurs pitreries amusantes. Naviguez à travers les cavernes marines formées par la force de l'océan, ressentez les embruns des vagues et appréciez les formations rocheuses distinctives.

Après-midi : randonnée le long de l'itinéraire de randonnée Stórur Dímun, offrant une vue panoramique sur la côte accidentée et les cavernes de Vestmannabjørgini. Explorez la communauté de Vestmanna, découvrez son passé de pêche et visitez le sanctuaire d'oiseaux de Vestmanna.

Le soir, détendez-vous et savourez un excellent dîner de fruits de mer dans un restaurant surplombant la baie.

Jour 3 : Mykines - Paradis des macareux et charme de l'île

Matin : Voyage à Mykines, une île isolée connue pour ses spectaculaires colonies de macareux. Partez en randonnée dans les magnifiques environs de l'île, en passant devant des maisons en pierre historiques et en observant de près ces adorables oiseaux. Visitez le phare de Mykines, situé au bord d'une falaise, et profitez d'une vue imprenable sur les mers environnantes.

Après-midi : Explorez la petite ville de Mykines et découvrez son histoire et son mode de vie distincts. Interagissez avec les résidents sympathiques et dégustez de merveilleux kakoyggjur (biscuits macareux féroïens) faits à la main.

Le soir, admirez le coucher de soleil peindre le ciel de teintes brillantes pendant votre retour vers le continent.

Jour 4 : Sørvágsvatn & Cascade de Bøsdalafossur - Paysages majestueux

Matin : Rendez-vous sur l'île de Vágar et observez le spectaculaire lac Sørvágsvatn, qui semble suspendu au-dessus des falaises océaniques. Faites une randonnée jusqu'au belvédère au-dessus du lac pour des vues panoramiques spectaculaires et capturez l'interaction dynamique de l'eau, de la roche et du ciel.

Après-midi : randonnée jusqu'à l'impressionnante cascade de Bøsdalafossur, qui se jette dans l'océan Atlantique depuis un haut rocher. Ressentez le jet de la cascade sur votre visage, capturez la beauté brute du terrain et profitez de l'atmosphère énergisante.

Le soir, détendez-vous dans un agréable café de Miðvágur en dégustant des spécialités locales et du café féroïen.

Jour 5 : Saksun et Tjørnuvík, villages de charme et délices pittoresques

Matin : Voyagez vers Saksun, un charmant hameau réputé pour ses chalets traditionnels au toit de tourbe et son magnifique lac situé entre des montagnes majestueuses. Randonnée jusqu'au point culminant au-dessus du hameau pour une vue panoramique et plongez-vous dans un environnement tranquille.

Après-midi : Continuez votre route vers Tjørnuvík, un joli hameau aux bâtiments colorés situé sur une corniche rocheuse. Explorez le village, promenez-vous le long du magnifique littoral et observez les superbes formations rocheuses sculptées par l'eau.

Le soir, savourez un dîner typique des îles Féroé dans un petit restaurant offrant une vue imprenable sur la mer.

Jour 6 : Mykines

Matin : Prenez un bateau pour Mykines, une île isolée avec des colonies de macareux et de magnifiques falaises. Randonnée jusqu'au phare de Mykinesholmur pour une vue imprenable.

Après-midi : Visitez la charmante église de Mykines et ses cottages aux toits de tourbe.

Soirée : Retournez à Tórshavn et profitez de vos vacances aux îles Féroé avec un dîner d'adieu dans un restaurant local. Rappelez-vous vos aventures fantastiques.

Jour 7 : Départ

Matin : Quittez Tórshavn avec des souvenirs de paysages magnifiques, de villages attrayants et d'une grande hospitalité.

Après-midi : En rentrant chez vous, réfléchissez à votre séjour aux îles Féroé et appréciez ce lieu lointain et magique.

Soirée : Retour chez vous avec l'enchantement des îles Féroé et la perspective d'expériences futures.

CHAPITRE CINQ

Patrimoine et Histoire

Les îles Féroé, une île magnifique cachée dans l'Atlantique Nord, ont un passé et une histoire riches, fermement ancrés dans leurs paysages époustouflants, leurs villages attrayants et leurs coutumes distinctives. De leurs débuts vikings à leur quête de souveraineté, voici un aperçu de l'histoire intéressante de ces îles balayées par les vents :

L'héritage viking : les échos d'un passé riche

L'histoire des îles Féroé a commencé en 800 après JC, lorsque d'intrépides Normands, fuyant le règne de Harald Fairhair en Norvège, ont navigué à la recherche de nouveaux territoires. Ces pionniers intrépides ont apporté leur langue, leurs habitudes et leurs traditions, établissant ainsi les bases de la culture féroïenne. Des preuves de leur existence peuvent être observées à travers les îles, depuis les anciennes pierres runiques et les tumulus jusqu'aux habitations traditionnelles en bois encore utilisées aujourd'hui.

L'époque médiévale : entre la Norvège et le Danemark

Pendant des siècles, les îles Féroé sont restées sous souveraineté norvégienne, acceptant progressivement le christianisme et créant ainsi leur caractère unique. Ils disposaient d'une certaine autonomie, réglementée par l'Althing, un parlement formé au IXe siècle. Cependant, au 14ème siècle, la Norvège a établi une union avec le Danemark et les îles Féroé sont devenues une partie du royaume danois.

Luttes pour l'autonomie : un esprit féroce émerge

Bien qu'ils soient sous administration danoise, les Féroïens ont fortement conservé leur héritage culturel et leur langue. Le XIXe siècle a été témoin d'une croissance du nationalisme féroïen, avec des revendications croissantes pour une plus grande autonomie. Le XXe siècle a été marqué par des progrès considérables : le Home Rule a été établi en 1948, donnant aux îles Féroé la souveraineté sur les affaires intérieures, et elles jouissent aujourd'hui d'une large autonomie au sein du Royaume danois.

Tapisserie culturelle : des traditions tissées à travers le temps

Le passé distinctif des îles Féroé se reflète dans leur culture colorée. Leur langue traditionnelle, le Norn, descendant du vieux norrois, est parlée par pratiquement tout le monde. La musique traditionnelle, en particulier les sons envoûtants de la danse en chaîne et de la chaîne de chants, transmet le lien profond des îles avec leur ascendance nordique. La narration a longtemps joué un rôle important, avec des épopées comme les Sagas transmises de génération en génération.

Au-delà du décor : dévoiler le cœur des îles

Bien que les paysages époustouflants des îles Féroé soient magnifiques, leurs traditions et leur histoire donnent une dimension plus profonde à la compréhension. En visitant des lieux historiques comme la péninsule de Tinganes, en visitant des musées comme le Musée national des îles Féroé et en vous connectant avec les habitants, vous développerez peut-être un plus grand respect pour leurs récits uniques.

Vivre l'héritage : plongez-vous dans la culture féroïenne

Plusieurs événements et festivals tout au long de l'année honorent l'histoire des îles Féroé. Rejoignez le bruyant

Ólavsøka, un festival d'été célébrant Saint Olaf, observez les traditionnelles rafles de moutons à la fin de l'été ou vivez les festivités du milieu de l'été de Jóansøka avec leurs feux de joie et leur musique forte.

Explorer les îles Féroé ne consiste pas seulement à admirer des paysages à couper le souffle ; il s'agit d'entrer dans un monument vivant dédié à un peuple tenace et à sa longue tradition. En apprenant leur parcours, vous aurez un meilleur respect pour leur présence et l'individualité distinctive qui les différencie. Alors commencez votre voyage dans le temps, plongez dans la riche histoire des îles Féroé et découvrez les histoires captivantes révélées par les falaises balayées par les vents et les jolis villages.

Sites du patrimoine viking

Les îles Féroé, magnifique archipel de l'Atlantique Nord, recèlent une riche histoire, fortement ancrée dans leur passé viking. Ces intrépides explorateurs nordiques sont arrivés sur les îles en 800 après JC, laissant derrière eux un héritage visible dans les structures historiques, les communautés traditionnelles et même dans la langue utilisée aujourd'hui. Si vous êtes fasciné par les légendes des guerriers maritimes et souhaitez ressentir les échos de la vie viking, voici une visite de certains des sites historiques vikings les plus intéressants des îles Féroé :

1. Village de Tjørnuvík : Niché au milieu de magnifiques falaises sur l'île de Streymoy, Tjørnuvík donne un aperçu de la vie traditionnelle des îles Féroé, mêlée à son héritage viking. Explorez le joli hameau avec ses bâtiments colorés, dont beaucoup avec des toits de tourbe évoquant les colonies vikings. Visitez l'église de Tjørnuvík, construite au XVIIIe siècle avec les pierres d'une église encore plus ancienne qui aurait été érigée par les Vikings.

2. Saksun : Ce charmant village de l'île Streymoy abrite des cottages traditionnels au toit de tourbe, dont certains remonteraient à la période viking. Partez en randonnée jusqu'au point culminant du hameau pour profiter d'une vue panoramique et vous immerger dans un environnement tranquille. La ferme Dúlmur attenante, toujours habitée aujourd'hui, possède une maison longue viking reconstruite, offrant un aperçu de la vie quotidienne de ces premiers habitants.

3. Falaises aux oiseaux de Vestmanna : Au-delà de la vue impressionnante de centaines de macareux et autres oiseaux marins se reproduisant sur les falaises, Vestmanna possède une valeur historique. Des fouilles archéologiques ont permis de

découvrir des villages vikings remontant au IXe siècle, révélant des informations importantes sur leur mode de vie. Les croisières en bateau vous permettent de naviguer dans ces lieux historiques et d'observer le lien durable entre les Vikings et la nature féroïenne.

4. Kirkjubøur : Située à l'extrémité sud de l'île de Streymoy, Kirkjubøargarður, parfois connue sous le nom de « Ferme du Roi », était un important village viking et un centre religieux. Explorez les vestiges de la cathédrale Saint-Magnus du XIe siècle, l'une des premières structures en pierre des îles Féroé, érigée sur le site d'un temple païen. Le Roykstovan voisin, une ferme au toit de tourbe datant du XIe ou du XIIe siècle, est considéré comme l'un des plus anciens bâtiments en bois habités de façon continue au monde, présentant un lien visible avec la créativité et les compétences de construction des Vikings.

5. Pierre de Sandavágur : Découverte en 1917 sur l'île de Vágar, cette pierre gravée reste un témoin de l'occupation viking des îles Féroé. L'inscription runique raconte le récit de Torkil Onandarson, le premier viking résidant à Sandvágur, offrant un aperçu rare de la colonisation nordique et des histoires individuelles.

Vivre l'héritage :

La visite de ces sites historiques vikings n'est que le début de votre voyage dans la riche histoire des îles Féroé. S'immerger dans la culture locale à travers la musique traditionnelle, les contes et la nourriture vous aide à vous connecter avec l'esprit persistant des Vikings qui ont construit ces îles. Ne manquez pas l'événement Ólavsøka fin juillet, commémorant le roi viking Olaf II, ou les festivités du solstice d'été de Jóansøka, avec des courses de bateaux traditionnelles et des expositions culturelles animées.

N'oubliez pas que les îles Féroé ne sont pas simplement des lieux historiques ; ce sont des communautés vivantes dont la tradition viking continue d'avoir un impact sur la vie quotidienne. En vous connectant avec les habitants, vous obtiendrez un meilleur aperçu de leur histoire et de son impact sur leur présent, produisant des expériences qui vont au-delà du tourisme et vous plongeront au cœur d'une culture distincte.

Musées et centres culturels

Les îles Féroé, au-delà de leurs magnifiques paysages et de leurs jolis villages, possèdent un riche héritage culturel prêt à être découvert. Entrer dans leurs musées et institutions culturelles vous aide à plonger davantage dans leur héritage viking, leurs coutumes vivantes et leurs manifestations créatives distinctes. Alors partez à l'aventure culturelle via ces étonnantes institutions :

1. Musée national des îles Féroé (Tórshavn) : Votre porte d'entrée pour connaître l'histoire et la culture complètes des îles Féroé. Explorez des expositions permanentes présentant des formations géologiques, une vie marine variée, des reliques vikings et des outils traditionnels. Soyez témoin de la croissance de la civilisation féroïenne à travers des expositions et des reconstitutions fascinantes.

2. Listasavn Føroya (Tórshavn) : Plongez dans le monde animé de l'art féroïen à la Galerie nationale des îles Féroé. Admirez des objets variés allant des installations modernes aux peintures historiques, en obtenant un aperçu des techniques et expressions créatives locales. Des expositions temporaires valorisent les talents émergents et les partenariats internationaux.

3. Føroya Fornminnissavn (Klaksvík) : Voyagez dans le temps au Musée national des îles Féroé à Klaksvík. Explorez des expositions présentant des villes vikings, des antiquités médiévales et des outils traditionnels utilisés pour la pêche et l'agriculture. Découvrez la vie quotidienne d'autrefois et

développez un plus grand respect pour l'héritage culturel durable des îles.

4. Føroya Sjósavn (Tórshavn) : Plongez dans le monde étonnant de la vie aquatique à l'aquarium des îles Féroé. Observez de nombreuses espèces de poissons endémiques de l'Atlantique Nord, notamment des requins, de la morue et du saumon. Des expositions interactives vous permettent d'en apprendre davantage sur les habitats sous-marins et l'importance de la conservation marine.

5. Norðurlandahúsið (Tórshavn) : Découvrez la tapisserie culturelle de la région nordique à la Maison nordique. Profitez de concerts, de représentations théâtrales et d'expositions d'art présentant les capacités uniques des artistes féroïens et nordiques. Plongez-vous dans l'héritage culturel commun et les manifestations actuelles des îles Féroé et de leurs voisins nordiques.

6. Refuge d'oiseaux Vestmanna (Vestmanna) : Plus qu'un simple abri pour des milliers d'oiseaux marins reproducteurs, le sanctuaire d'oiseaux de Vestmanna offre une expérience culturelle unique. Découvrez l'activité traditionnelle de « capture d'oiseaux » et son importance dans l'histoire et la culture des îles Féroé. Des pratiques touristiques responsables

maintiennent la survie de ce patrimoine traditionnel tout en sauvegardant les populations d'oiseaux.

7. Le Centre culturel du Groenland, des îles Féroé et de l'Islande (Copenhague) : Même au-delà des îles Féroé, vous pouvez explorer leurs richesses culturelles au Centre culturel du Groenland, des îles Féroé et de l'Islande à Copenhague. Ce centre présente les cultures distinctes des trois pays insulaires de l'Atlantique Nord à travers des expositions, des activités et des séminaires.

Au-delà des murs :

N'oubliez pas que les musées et les institutions culturelles ne sont que des points de départ. Plongez dans la culture féroïenne en visitant les festivals locaux comme Ólavsøka ou Jóansøka, en vous mêlant à des artisans et en dégustant des plats traditionnels féroïens. En expérimentant activement la culture vivante, vous acquerrez une meilleure connaissance et un plus grand respect pour l'histoire distinctive des îles Féroé.

REPERES historiques

Les îles Féroé, avec leurs paysages époustouflants et leurs jolis villages, offrent bien plus qu'une simple beauté. L'archipel est parsemé de sites historiques chuchotant des histoires de

Vikings, de villages et de changements culturels. Alors, rassemblez votre curiosité et préparez-vous à voyager dans le temps sur ces sites intéressants :

1. Tinganes (Tórshavn) : Cette petite péninsule au milieu de Tórshavn est riche en histoire. Depuis le IXe siècle, c'est le siège du Parlement féroïen, l'Althing. Explorez les maisons en bois historiques, certaines datant de plusieurs siècles, et imaginez les conversations politiques qui influencent le destin des îles.

2. Kirkjubøargarður (Streymoy) : Souvent appelé la « Ferme du Roi », cet endroit de Kirkjubøur possède une énorme valeur historique. Explorez les vestiges de la cathédrale Saint-Magnus du XIe siècle, l'une des plus anciennes structures en pierre des îles Féroé. A proximité, la ferme Roykstovan, datant du XIe ou XIIe siècle, est considérée comme l'une des plus anciennes constructions en bois continuellement habitées au monde.

3. Église de Tjørnuvík (Streymoy) : Nichée entre de superbes falaises, cette église rurale pittoresque possède une histoire unique. érigée au XVIIIe siècle, elle comprend des pierres provenant d'une église encore plus ancienne, qui aurait été érigée par les Vikings. Explorez la conception basique mais exquise de l'église et imaginez les décennies de prières et de célébrations qui se déroulent à l'intérieur de ses murs.

4. Pierre de Sandavágur (Vágar) : Cette pierre gravée, découverte en 1917, témoigne de la présence des Vikings dans les îles Féroé. L'inscription runique se rapporte au récit de Torkil Onandarson, la première colonie viking de Sandvágur. Déchiffrez l'inscription et plongez dans l'histoire intéressante de la colonisation viking.

5. Skansin (Tórshavn) : Cette fortification du XVIe siècle, située sur une colline au-dessus de Tórshavn, offre de magnifiques vues et un aperçu historique. Construit par les Danois pour gouverner les îles Féroé, il a servi de station militaire et de prison pendant des siècles. Explorez les tunnels, les remparts et les canons, en imaginant la vie des soldats et des captifs qui détenaient autrefois cette forteresse cruciale.

Au-delà des sites :

Ces sites historiques offrent simplement un aperçu de la riche histoire des îles Féroé. Améliorez votre expérience en :

Visite de musées : le Musée national des îles Féroé et la Listasavn Føroya (Galerie nationale) proposent des expositions intrigantes présentant des trésors vikings, des outils traditionnels et de l'art local.

S'engager avec les habitants : posez des questions, écoutez des contes et découvrez leurs ancêtres et leurs coutumes culturelles.

Rejoindre des visites guidées : obtenez des informations plus approfondies sur les lieux historiques et leur importance avec des guides qualifiés.

En vous immergeant dans ces lieux historiques, vous obtiendrez une meilleure appréciation du voyage dans le temps des îles Féroé, en reconnaissant la persévérance et l'individualité distinctive de ses habitants. Alors, remontez le temps, découvrez ces sites intéressants et laissez les murmures de l'histoire vous donner une meilleure image de cet archipel remarquable.

Villages traditionnels féroïens

Les îles Féroé, un magnifique archipel de l'Atlantique Nord, offrent bien plus que de simples panoramas majestueux et des villages attrayants. Dispersées dans les îles, se trouvent des communautés historiques, chacune racontant des histoires du passé et reflétant l'histoire culturelle distincte du peuple féroïen. Embarquez pour une visite de ces capsules temporelles et profitez de leurs couleurs éclatantes, de leur riche histoire et de leur mode de vie permanent.

1. Gjógv : l'étreinte de la nature : Niché au milieu d'un port naturel créé par l'effondrement d'une grotte, Gjógv offre une combinaison unique de vie de village et de grandeur naturelle. Explorez les cottages colorés accrochés aux falaises, dont les fenêtres reflètent les couleurs toujours changeantes de la mer. Faites une excursion en bateau dans la magnifique entrée de la grotte, découvrez les embruns de l'eau et émerveillez-vous devant les imposantes formations rocheuses. Faites une randonnée jusqu'au village pour des vues panoramiques spectaculaires et plongez-vous dans l'ambiance calme.

2. Saksun : Tranquillité idyllique : Entrez dans une carte postale avec l'attrait pittoresque de Saksun. Des maisons traditionnelles aux toits de tourbe, évocatrices d'une époque révolue, bordent un magnifique lac sur fond de montagnes majestueuses. Partez en randonnée jusqu'au point culminant pour admirer des vues magnifiques et profitez de la tranquillité tranquille. Visitez l'église de Saksun, hommage à des années de dévotion, et profitez de sa beauté fondamentale.

3. Tjørnuvík : une histoire peinte en couleurs : Perchés sur un rebord rocheux, les bâtiments colorés de Tjørnuvík semblent tomber sur le rivage déchiqueté. Explorez la charmante ville en parcourant de minuscules ruelles ornées de bâtiments anciens. Promenez-vous le long du magnifique littoral, ressentez le vent

marin et écoutez les vagues déferlantes. Visitez l'église de Tjørnuvík, construite avec des pierres qui proviendraient d'une construction de l'époque viking, vous reliant au riche patrimoine des îles.

4. Mýkines : paradis des macareux et charme de l'île : évadez-vous sur l'île isolée de Mýkines, connue pour ses étonnantes colonies de macareux. Faites une randonnée dans les magnifiques environs de l'île, en passant devant des maisons de pierre historiques et en observant de près ces oiseaux hilarants. Montez jusqu'au phare de Mykines, situé au bord d'une falaise spectaculaire, et profitez d'une vue imprenable sur l'océan. Plongez-vous dans le cadre tranquille de l'île et dans son esprit communautaire distinct.

5. Vestmanna : entre falaises et symphonie d'oiseaux marins : témoignez de la beauté brute de Vestmanna, qui abrite de majestueuses falaises regorgeant de diverses colonies d'oiseaux marins. Faites une passionnante excursion en bateau, flottant autour des falaises et observant des macareux, des guillemots et des fous de Bassan dans leur environnement d'origine. Découvrez le port du hameau, parsemé de bateaux colorés et animé d'activités de pêche. Ressentez la force de l'océan et le lien éternel entre le peuple féroïen et l'eau.

Au-delà du décor : dévoiler le cœur du village

Visiter ces communautés pittoresques n'est que le début. Entrez en contact avec les gens, profitez de leur accueil chaleureux et découvrez leur mode de vie. Dégustez d'exquis røkt laks (saumon fumé) et d'autres délices faits maison, en appréciant les goûts de la cuisine féroïenne. Assistez aux festivals locaux comme Ólavsøka ou Jóansøka, célébrant les traditions culturelles avec une musique vive et une atmosphère joyeuse.

Trésors intemporels :

Les communautés traditionnelles offrent des fenêtres sur l'essence des îles Féroé. Ils illustrent le lien permanent avec l'environnement, la ténacité des gens et le tissu culturel unique créé au fil des millénaires. En visitant ces villes, vous découvrirez bien plus que de simples habitations attrayantes et des cadres magnifiques ; vous développerez une meilleure compréhension du caractère des Féroé et des richesses intemporelles qu'ils possèdent.

Souviens-toi:

Respectez les communautés locales et leurs coutumes.

Faites attention à l'environnement délicat et ne laissez aucune trace.

Profitez de l'occasion de rencontrer les gens et d'apprendre de leurs histoires.

Alors, commencez votre voyage dans un village féroïen, remontez le temps et explorez le cœur dynamique de ces magnifiques îles. Laissez les habitations colorées, les vues époustouflantes et les sourires chaleureux raconter leurs histoires, générant des expériences qui transcendent le banal et touchent l'esprit.

CHAPITRE VI

Hébergement

Les îles Féroé, avec leurs paysages spectaculaires, leurs villages pittoresques et leur culture vivante, offrent une expérience de vacances exceptionnelle. Mais où loger au milieu de ces magnifiques paysages ? N'ayez crainte, car les îles Féroé disposent d'un large choix d'hôtels, chacun répondant à un goût et à un budget distincts. Alors, faites vos valises et préparez-vous à explorer votre maison féroïenne idéale loin de chez vous :

1. Plongez-vous dans la nature : camping et chalets

Pour les esprits aventureux, camper sous le vaste ciel des îles Féroé offre une connexion incomparable avec la nature. Les terrains de camping comme Saksun Camping et Gásadalur Camping offrent des installations modestes dans un cadre magnifique, idéal pour planter une tente ou louer un joli cottage.

2. Découvrez l'histoire : maisons d'hôtes traditionnelles et séjours à la ferme

Remontez le temps en séjournant dans une maison d'hôtes traditionnelle des îles Féroé. Installés dans des maisons restaurées au toit de tourbe ou dans de belles structures en bois, ces hébergements offrent un aperçu de la vie et de l'histoire locales. Des maisons d'hôtes comme Blástein et Hús við Gjógv offrent un hébergement confortable et une hospitalité authentique, souvent accompagnée de bons repas préparés.

Pour une véritable expérience immersive, pensez à un séjour à la ferme. Plongez-vous dans la vie rurale à la ferme Gjáargarður ou à la ferme Keldan, en participant aux tâches ménagères, en découvrant les processus agricoles traditionnels et en dégustant une cuisine préparée localement.

3. Confort moderne : hôtels et retraites de luxe

Pour ceux qui recherchent des installations contemporaines et des vues magnifiques, différents hôtels répondent à vos demandes. Le Hilton Garden Inn Faroe Islands et l'hôtel Føroyar proposent des chambres élégantes et des emplacements pratiques, tandis que les hôtels Brandan et 62N bénéficient d'un superbe cadre balnéaire.

En quête de luxe ultime ? Faites-vous plaisir au Kristiania Fjords & Havn. Niché au milieu de superbes falaises, ce refuge propose des villas privées, des restaurants exquis et un spa, offrant une expérience féroïenne extraordinaire.

4. Séjours uniques : au-delà de l'ordinaire

Pour le visiteur peu orthodoxe, les îles Féroé offrent des possibilités de logement véritablement uniques. Dormez à la belle étoile dans une cabine au toit de gazon au Faroe Islands Bubble Hotel ou découvrez la vie insulaire à bord d'un bateau de pêche reconverti avec MS Atlantic.

Choisir votre ajustement parfait :

Lorsque vous choisissez votre hébergement, tenez compte de votre budget, de votre style de voyage, de l'emplacement souhaité et des installations choisies. Envie d'aventure et d'immersion naturelle ? Optez pour le camping ou un séjour rural. Vous recherchez le confort et la commodité modernes ? Choisissez un hôtel ou une maison d'hôtes. Envie de vivre une expérience unique ? Explorez des possibilités innovantes comme l'hôtel bulle ou la nuit en bateau.

Souviens-toi:

Réservez votre hébergement longtemps à l'avance, surtout en haute saison.

Recherchez soigneusement les équipements et les installations pour vous assurer qu'ils correspondent à vos besoins.

Pensez aux choix de transport, en particulier si vous passez vos vacances dans les régions rurales.

Embrassez le charme et la chaleur distinctifs des îles Féroé, quel que soit l'hébergement que vous avez choisi.

Avec leurs nombreuses possibilités et leurs paysages à couper le souffle, les îles Féroé garantissent un séjour mémorable. Alors, choisissez votre hôtel de rêve aux îles Féroé, commencez vos vacances et créez des souvenirs qui resteront longtemps gravés dans votre cœur.

Les 3 meilleurs hôtels modernes

Voici les 3 meilleurs hôtels contemporains des Îles Féroé :

Hilton Garden Inn Faroe Islands – Hébergements épurés dans hôtel moderne avec restaurant français, bain à remous et vue sur l'eau. Il a une note de 4,6 étoiles sur Google Maps

Hôtel Brandan – Hébergements modernes dans hôtel raffiné avec restaurant, dégustations de vins, espaces de conférence et saunas. Il a une note de 4,6 étoiles sur Google Maps

Hôtel Føroyar - Hébergements modernes dans un bel hôtel avec un célèbre restaurant et un bar dans le hall, avec petit-déjeuner gratuit. Il a une note de 4,3 étoiles sur Google Maps

J'espère que cela vous aidera à planifier vos vacances aux îles Féroé !

Top 10 des maisons d'hôtes

Voici 10 maisons d'hôtes les mieux notées aux îles Féroé, chacune avec son caractère et son emplacement distincts :

1. Gásadalur Guesthouse (Gásadalur) : Nichée dans la charmante ville de Gásadalur, connue pour sa cascade distinctive qui se jette directement dans l'océan, cette maison d'hôtes offre des vues spectaculaires sur le fjord et un hébergement confortable.

2. Gjáargarður Agricultural (Vágar) : Plongez dans la véritable expérience agricole des îles Féroé à la ferme de Gjáargarður. Séjournez dans de charmantes maisons d'hôtes, dégustez des plats faits maison et participez à des activités agricoles telles que des démonstrations de chiens de berger et le filage de la laine.

3. Klaksvík Hostel (Klaksvík) : Cette auberge contemporaine située dans la deuxième plus grande ville des îles Féroé propose un hébergement abordable avec des vues spectaculaires sur le port. Profitez des espaces communs, d'une cuisine entièrement équipée et d'un accès facile aux restaurants et aux magasins.

4. Myrkjanes Guest House (Vágar) : Située près de la célèbre cascade de Bøsdalafossur et à proximité de l'aéroport de Vágar, la Myrkjanes Guest House propose un hébergement modeste

mais confortable avec des vues spectaculaires sur les montagnes.

5. Kirkjubøargarður Guesthouse (Streymoy) : Située parmi les anciens vestiges de la cathédrale Saint-Magnus et de la ferme Roykstovan, cette maison d'hôtes transporte les visiteurs dans le temps. Profitez d'un décor traditionnel féroïen, d'une cuisine commune et d'un environnement relaxant.

6. Blástein (Streymoy) : Cette maison d'hôtes pittoresque de la ville de Leynar propose des chambres conçues avec goût, une vue imprenable sur le fjord et un superbe petit-déjeuner composé de produits locaux.

7. Guesthouse Barbara (Streymoy) : La maison d'hôtes Barbara est située dans la capitale, Tórshavn, et offre un emplacement central, des installations contemporaines et un service agréable. Profitez d'un accès pratique aux magasins, aux restaurants et aux activités culturelles.

8. The National Hostel (Streymoy) : Autre choix peu coûteux à Tórshavn, The National Hostel dispose de chambres décentes, d'espaces communs et d'une laverie. Sa position centrale est idéale pour découvrir la ville à pied.

9. Hús við Gjógv (Streymoy) : Cette maison d'hôtes, située sur les falaises au-dessus du port naturel de Gjógv, offre une

expérience insulaire unique. Séjournez dans des maisons historiques aux toits de gazon, admirez de jolis bateaux de pêche et profitez d'un environnement à couper le souffle.

10. Nólsoy Hostel (Nólsoy) : Faites un court trajet en bateau de Tórshavn à l'île de Nólsoy et séjournez dans cette auberge pittoresque dotée d'une cuisine communautaire, d'une laverie et d'une vue imprenable sur l'océan. Découvrez les sentiers de randonnée, les plages et les oiseaux de l'île.

Gardez à l'esprit que ce ne sont là que quelques-unes des superbes maisons d'hôtes des îles Féroé. Avec autant d'emplacements, de styles et d'installations parmi lesquels choisir, vous êtes sûr de découvrir celui qui vous convient pour votre merveilleuse expérience féroïenne !

Conseils supplémentaires :

Réservez votre hébergement à l'avance, notamment pendant la haute saison.

Lorsque vous choisissez une maison d'hôtes, tenez compte de votre budget, de votre style de voyage et de votre emplacement préféré.

Examinez minutieusement les équipements et les installations pour vérifier qu'ils correspondent à vos besoins.

Quel que soit votre choix d'hébergement, profitez du charme et de la gentillesse distinctifs des îles Féroé.

J'espère que cela vous aidera à organiser votre voyage aux îles Féroé !

Les dix meilleurs cottages indépendants

Voici dix cottages indépendants les mieux notés aux îles Féroé, chacun avec un caractère et un emplacement distincts :

1. Stórur Dímun (Vágar) : Situé sur les magnifiques falaises de l'île de Dímun, ce complexe de phares reconstruits propose six cottages offrant une vue imprenable sur l'océan. Profitez d'une solitude totale, de sentiers de randonnée et d'une expérience mémorable.

2. Litli Dímun (Vágar) : Pour une retraite solitaire, louez une maison solitaire sur l'île déserte de Litli Dímun. Cette maison traditionnelle en pierre peut accueillir cinq personnes et offre une véritable expérience en pleine nature.

3. Múlatangi Cottages (Streymoy) : Situés sur la pittoresque péninsule de Múlatangi, ces cottages traditionnels au toit de

tourbe offrent de belles vues sur le fjord et une ambiance tranquille. Explorez les sentiers de randonnée locaux et les communautés de pêcheurs.

4. Cottages Sjúrðargjógv (Streymoy) : Séjournez dans une maison de pêcheur rénovée à côté de la spectaculaire cascade de Sjúrðargjógv. Ces maisons confortables offrent un environnement unique et un accès pratique aux sentiers de randonnée et aux attractions naturelles.

5. Gásadalur Cottages (Vágar) : Situés près de la célèbre cascade de Bøsdalafossur, les cottages offrent des commodités contemporaines dans un environnement traditionnel. Profitez d'une vue imprenable sur les montagnes et d'un accès pratique au hameau de Gásadalur.

6. Gjógv Cottages (Streymoy) : Plongez dans le charmant hameau de Gjógv avec ces hébergements indépendants. Explorez le port naturel, grimpez jusqu'à la cascade et imprégnez-vous de l'ambiance unique de ce bel endroit.

7. Saksun Cottages (Streymoy) : Ces magnifiques cottages offrent un aperçu du mode de vie traditionnel du village de Saksun. Profitez du lagon tranquille, des paysages de montagne à couper le souffle et de l'accès facile aux sentiers de randonnée locaux.

8. Mykines Cottages (Mykines) : Séjournez dans un cottage traditionnel en pierre sur l'île de Mykines pour admirer les spectaculaires colonies de macareux. Partez en randonnée à travers les paysages de l'île, interagissez avec les habitants et admirez les vues spectaculaires sur l'océan.

9. Vestmanna Cottages (Streymoy) : Séjournez dans un cottage confortable pour admirer les falaises spectaculaires et les oiseaux abondants de Vestmanna. Faites une excursion en bateau, promenez-vous le long des falaises et découvrez la beauté naturelle de ce littoral accidenté.

10. Sandavágur Cottages (Vágar) : Ces cottages, situés à proximité de l'aéroport de Vágar et de la magnifique plage de Sandavágur, offrent des commodités contemporaines ainsi qu'un cadre magnifique. Profitez des sentiers de randonnée, des excursions en bateau et d'un accès pratique à la charmante ville.

Conseils supplémentaires :

Réservez votre chalet longtemps à l'avance, surtout pendant la haute saison.

Lorsque vous choisissez un chalet, tenez compte de votre budget, de votre style de vacances et de votre emplacement préféré.

Examinez minutieusement les équipements et les installations pour vérifier qu'ils correspondent à vos besoins.

Profitez du charme distinctif des îles Féroé et de l'autonomie totale lors de votre escapade en chalet.

N'oubliez pas qu'il ne s'agit là que d'une poignée de fantastiques maisons indépendantes des îles Féroé. Avec une large gamme de types, de tailles et d'endroits parmi lesquels choisir, vous êtes sûr de découvrir celui idéal pour vos vacances autonomes aux Îles Féroé !

Les dix meilleurs séjours à la ferme

Voici dix séjours à la ferme les mieux notés dans les îles Féroé, chacun offrant un aperçu unique de la vie rurale et des paysages à couper le souffle :

1. Ferme Gjáargarður (Vágar) : située près du village de Sørvágur, cette ferme de moutons traditionnelle propose des maisons d'hôtes agréables, de délicieux repas faits maison et des possibilités d'activités agricoles comme des démonstrations de chiens de berger et le tissage de la laine.

2. Keldan Farmhouse (Streymoy) : Vivez une véritable vie agricole parmi les magnifiques paysages de l'île de Streymoy.

Séjournez dans une ferme restaurée, participez aux tâches quotidiennes, mangez des repas faits à la main et découvrez les sentiers de randonnée et les cascades environnantes.

3. Ferme Leynavatn (Streymoy) : Cette ferme familiale située sur les rives du lac Leynavatn propose un hébergement confortable, une délicieuse cuisine locale et un choix d'activités, notamment la pêche, le kayak et l'observation des oiseaux.

4. Múlatangi Yurt Camp (Streymoy) : Vivez une expérience de glamping unique en séjournant dans une yourte mongole traditionnelle au Múlatangi Yurt Camp. Découvrez des vues à couper le souffle sur le fjord, des excursions agricoles et des expériences personnelles avec la nature.

5. Ferme Blaeðing (Eysturoy) : Découvrez la tranquillité de l'île d'Eysturoy à la ferme Blæðing. Séjournez dans une charmante maison d'hôtes, dégustez une cuisine authentique des îles Féroé et participez à des activités comme la tonte des moutons et l'équitation.

6. The Old Farm Guesthouse (Vágar) : Une ferme de moutons reconvertie dans le hameau de Sørvágur avec des cottages traditionnels en bois, une cuisine communautaire et une ambiance détendue. Profitez des sentiers de randonnée, des possibilités d'observation des oiseaux et d'un accès facile à l'aéroport.

7. La ferme nationale agricole (Streymoy) : située près de Tórshavn, la ferme nationale offre un mélange unique d'expérience agricole et d'histoire culturelle. Séjournez dans une ferme traditionnelle, visitez des sites historiques et dégustez la cuisine locale.

8. Vacances à la ferme Skálavík (Vágar) : Une ferme familiale sur l'île de Vágar propose un hébergement agréable, de délicieux repas et des activités telles que l'équitation, la pêche et des croisières en bateau.

9. Stórur Dímun (Vágar) : Pour un refuge isolé, louez une maison classique en pierre sur l'île déserte de Stórur Dímun. Profitez d'une solitude totale, de sentiers de randonnée et d'une vue imprenable sur l'océan.

10. Mykines Cottages (Mykines) : Séjournez dans une maison historique en pierre sur l'île de Mykines pour admirer les spectaculaires colonies de macareux. Vivez la vie à la ferme avec les moutons de l'île, explorez les paysages et appréciez la tranquillité de ce lieu lointain.

Conseils supplémentaires :

Réservez votre séjour à la ferme à l'avance, surtout en haute saison.

Lorsque vous choisissez un séjour à la ferme, pensez à votre budget, à votre style de vacances et à vos activités préférées.

Examinez minutieusement les équipements et les installations pour vérifier qu'ils correspondent à vos besoins.

Profitez de l'opportunité de participer à des activités agricoles et de découvrir la vie rurale des îles Féroé.

Préparez-vous à une connectivité et des installations Internet limitées dans certaines zones isolées.

J'espère que cela vous aidera à organiser une visite mémorable à la ferme des îles Féroé !

Les dix meilleures auberges économiques

Voici dix auberges économiques les mieux notées des îles Féroé qui proposent un hébergement agréable à des tarifs raisonnables :

1. The National Hostel (Tórshavn) : Située au centre de la capitale, cette auberge animée propose à la fois des lits en dortoir et des chambres individuelles à des prix compétitifs. Profitez des espaces communs, d'une cuisine entièrement équipée et d'une laverie.

2. Klaksvík Hostel (Klaksvík) : Cette auberge contemporaine située dans la deuxième plus grande ville offre des vues spectaculaires sur le port et des hébergements abordables. Détendez-vous dans les espaces communs, cuisinez dans la cuisine commune et visitez les magasins et restaurants locaux.

3. Giljanes Hostel & Campsite (Vágar) : Cette auberge du hameau de Sørvágur propose à la fois des lits en dortoir et des emplacements de camping, idéal pour les amoureux de la nature. Profitez de belles vues sur les montagnes, d'une cuisine commune et d'un service de transfert aéroport.

4. Sandoy Hostel (Sandoy) : Cette charmante auberge de Sandoy offre un moyen abordable de découvrir la vie insulaire. Détendez-vous dans la salle communautaire, cuisinez dans la cuisine commune et découvrez les villages pittoresques et les paysages époustouflants de l'île.

5. Leynavatn Hostel (Streymoy) : Situé sur les rives du lac Leynavatn, ce choix à faible coût propose des lits en dortoir et une ambiance agréable. Profitez des itinéraires de randonnée, des possibilités d'observation des oiseaux et d'une cuisine commune pour la préparation des repas.

6. Bládís Hostel (Streymoy) : Située près de Tórshavn, cette auberge à la gestion familiale propose des lits en dortoir bon marché et une ambiance accueillante. Profitez d'une cuisine

commune, d'une laverie et d'un accès pratique aux attractions de la capitale.

7. Auberge Gásadalur (Vágar) : Située dans la charmante ville de Gásadalur, célèbre pour sa cascade distinctive, cette auberge propose des lits en dortoir et une vue imprenable sur le fjord. Explorez des sentiers de randonnée, admirez des cascades et séjournez dans des hébergements abordables.

8. Tjørnuvík Hostel (Streymoy) : Cette auberge économique est située dans un hameau pittoresque avec des falaises à couper le souffle. Profitez de lits en dortoir, d'une cuisine commune et d'un accès pratique aux sentiers de randonnée et à l'église de Tjørnuvík.

9. Saksun Hostel (Streymoy) : Plongez dans le hameau traditionnel de Saksun avec cette auberge à bas prix. Séjournez dans des lits en dortoir, préparez vos repas dans la cuisine commune et explorez le lagon, les montagnes et les sentiers de randonnée adjacents.

10. Miðvágur Hostel (Streymoy) : Cette auberge propose des lits en dortoir et des chambres individuelles à des prix bon marché et est idéalement située près de Tórshavn. Profitez d'une cuisine commune, d'une laverie et d'un accès pratique aux attractions et aux magasins de la ville.

Conseils supplémentaires :

Réservez votre auberge à l'avance, surtout pendant la haute saison.

Lorsque vous choisissez une auberge, tenez compte de votre emplacement et de vos installations préférés.

Préparez-vous à partager des dortoirs dans des dortoirs.

Utilisez les cuisines communes pour économiser de l'argent sur les repas.

Acceptez l'environnement social et interagissez avec les autres passagers.

N'oubliez pas que les auberges sont un excellent moyen de visiter les îles Féroé avec un budget limité, de rencontrer d'autres voyageurs et de vivre des expériences inoubliables. Alors faites vos bagages, sélectionnez votre expérience en auberge et préparez-vous pour un voyage passionnant !

CHAPITRE SEPT

Informations pratiques

Les îles Féroé, avec leurs paysages spectaculaires, leurs villages pittoresques et leur culture distincte, attirent les aventuriers à la recherche d'une expérience exceptionnelle. Cependant, avant de partir pour votre aventure féroïenne, perfectionnez quelques connaissances pratiques pour garantir un voyage fluide et confortable.

Devise et coûts :

La monnaie nationale est la couronne danoise (DKK), divisible en 100 øre. Les euros et les principales cartes de crédit sont facilement acceptés, cependant, disposer de DDK est utile pour les transactions mineures.

Soyez prêt à payer un peu plus cher qu'en Europe continentale, notamment pour les produits importés et les restaurants. Pour respecter votre budget, envisagez de cuisiner vous-même et de visiter les marchés locaux.

S'y rendre et se déplacer : W

L'aéroport de Vágar (FAE) sur l'île de Vágar sert de principale entrée aux Féroé. Les vols relient les principales villes européennes, avec des départs saisonniers depuis l'Amérique du Nord.

Des ferries relient les principales îles, offrant des itinéraires pittoresques et une expérience de voyage inoubliable. Planifiez vos voyages en bateau bien à l'avance, notamment en haute saison.

Les bus assurent le transport en commun entre les villes et les villages importants. Cependant, la location d'un véhicule nous permet une liberté supplémentaire lors de la visite de lieux isolés. Faites attention aux petites routes, aux tunnels à une voie et aux moutons !

Conditions de visa et d'entrée :

La plupart des nationalités de l'espace Schengen, ainsi que certaines autres, n'ont pas besoin de visa pour de courts séjours. Vérifiez les exigences de visa pour votre pays longtemps à l'avance.

Une assurance voyage est fortement recommandée puisqu'elle couvre les urgences médicales et les désagréments imprévus du voyage.

Langue et communication :

La langue officielle est le féroïen, étroitement lié à l'islandais et au norvégien. L'anglais est fréquemment parlé dans les destinations touristiques et la majorité des résidents le comprennent. Apprendre quelques mots simples en féroïen est apprécié par les habitants et améliore l'expérience culturelle.

Météo et emballage :

Les îles Féroé ont un climat marin, avec des étés frais (13°C en moyenne) et des hivers doux (3°C en moyenne). Préparez-vous à de fortes pluies et à des vents violents tout au long de l'année.

Emportez des couches de vêtements pour les conditions météorologiques changeantes, des équipements imperméables, des chaussures de randonnée robustes et une veste coupe-vent. Même si le temps est maussade, pensez à emporter lunettes de soleil et crème solaire.

Rester connecté :

Si vous avez besoin de rester connecté et d'éviter les frais d'itinérance, pensez à vous procurer une carte SIM locale avec données. De nombreux hôtels, cafés et centres d'information touristique proposent une connexion Wi-Fi gratuite.

Horaires d'ouverture et dimanche :

Les magasins sont généralement ouverts de 10h00 à 18h00 en semaine et jusqu'à 16h00 le samedi. La plupart des magasins sont fermés le dimanche.

Les restaurants peuvent avoir des horaires d'ouverture plus courts qu'en Europe continentale, alors planifiez vos repas en conséquence.

Respect de l'environnement et de la culture :

Les Féroé ont un paysage préservé et une culture distincte. Suivez des pratiques touristiques éthiques pour minimiser vos effets environnementaux. Respectez les coutumes et traditions locales, habillez-vous modestement lorsque vous visitez les églises et évitez de faire du mal aux animaux.

Conseils supplémentaires :

Achetez une « carte de bienvenue » pour bénéficier d'économies sur les transports en commun, les musées et d'autres attractions.

Téléchargez des applications utiles telles que Visit Faroe Islands et Faroe Islands Public Transport.

Pensez à vous procurer une carte SIM locale pour Internet et appeler.

Emportez un adaptateur universel pour charger vos gadgets.

Le pourboire n'est pas obligatoire mais est apprécié pour un bon service.

Il est préférable de faire ses courses dans les grandes villes, car les petites agglomérations peuvent avoir un assortiment limité.

Avec une préparation minutieuse et ce livre important, vous serez en route vers des vacances extraordinaires aux îles Féroé. Admirez des paysages époustouflants, plongez-vous dans une culture distincte et créez des souvenirs qui dureront toute une vie !

Devise et méthodes de paiement

Vous planifiez des vacances aux îles Féroé? La navigation dans les devises et les options de paiement peut être essentielle pour une expérience sans tracas. Voici un guide complet sur tout ce que vous devez savoir :

Monnaie officielle :

La monnaie officielle des îles Féroé est la couronne danoise (DKK), divisée en 100 øre. Les pièces incluent des valeurs de 50 øre, 1, 2, 5, 10 et 20 couronnes, tandis que les billets varient de 50 à 1 000 couronnes.

Alternatives :

Euros : Bien que le DKK soit la monnaie officielle, les euros sont fréquemment acceptés dans la plupart des destinations touristiques, magasins et restaurants. Le taux de conversion n'est peut-être pas idéal, mais c'est un choix pratique si vous possédez déjà des euros.

Cartes de crédit : les principales cartes de crédit, notamment Visa, MasterCard et Maestro, sont largement acceptées dans toutes les îles, en particulier dans les grandes villes et les régions touristiques. Les petits magasins et les villes peuvent dépendre davantage des espèces, alors prévoyez des DKK supplémentaires sous la main.

Les cartes de voyage prépayées remplies de DKK ou d'euros sont un choix utile pour établir un budget et éviter les dépenses de conversion de devises.

Conseils pour le change de devises :

Échange de devises : vous pouvez convertir votre monnaie locale en DKK à l'aéroport, dans les banques et dans certains hôtels. Les banques proposent souvent les meilleurs taux de conversion, mais comparent les prix avant de s'engager.

Évitez les échanges à l'aéroport : les taux de change à l'aéroport sont généralement plus élevés, n'échangez donc qu'un petit montant pour les besoins d'urgence et le reste ailleurs.

Pensez à utiliser des guichets automatiques. Les distributeurs automatiques émettent souvent des DKK et acceptent les principales cartes de crédit. Vérifiez les frais facturés par votre banque pour les retraits à l'étranger.

Conseils supplémentaires :

Pourboires : les pourboires ne sont pas habituels aux îles Féroé, mais ils sont appréciés pour l'excellent service. Arrondir le prix ou fournir un modeste pourboire est acceptable.

Paiements sans contact : les solutions de paiement sans contact telles qu'Apple Pay et Google Pay gagnent en popularité, en particulier dans les grandes villes.

achats modestes : sachez que certaines petites entreprises et fournisseurs peuvent ne pas accepter les paiements par carte pour des transactions extrêmement modestes. Apportez de l'argent en guise de sauvegarde.

Plan : faites le plein de DKK dans les grandes villes, car la disponibilité et les taux de change peuvent être moins avantageux dans les petites zones.

N'oubliez pas que connaître les devises et les options de paiement rendra votre voyage aux îles Féroé plus agréable. Amusez-vous pour vos vacances !

Langue et communication

Les îles Féroé, avec leurs paysages spectaculaires et leur culture vivante, attirent les touristes aventureux du monde entier. Cependant, avant de partir pour votre voyage aux îles Féroé, il est important de comprendre l'environnement linguistique. Explorons les complexités de la langue et de la communication aux îles Féroé, vous préparant à des conversations fluides et à des relations culturelles plus profondes.

La langue officielle : le féroïen, fier et unique

Le féroïen, la langue officielle des îles, est une langue germanique du Nord semblable à l'islandais et au norvégien. Son histoire fascinante et son lexique particulier donnent un aperçu du riche patrimoine culturel des Féroé.

Apprendre les bases : même si la maîtrise n'est pas requise, connaître quelques mots simples en féroïen tels que "hei" (bonjour), "takk" (merci) et "mjógur" (doux) vous mènera loin. Les habitants apprécient cet effort et cela permet d'établir des connexions plus réelles. Vous pouvez utiliser des applications, des outils Internet et des guides de conversation comme guides.

Anglais

L'anglais est fréquemment parlé, quoique limité, dans les zones touristiques, les hôtels et parmi de nombreux résidents. Cela améliore la communication et supprime d'importants obstacles linguistiques. Cependant, se concentrer uniquement sur l'anglais peut restreindre votre expérience. Sortir des zones touristiques peut entraîner une maîtrise réduite de l'anglais.

Saisissez l'opportunité : n'ayez pas peur d'essayer des phrases de base en féroïen. Les habitants soutiennent avec enthousiasme les initiatives visant à interagir avec leur langue et leur culture.

Langage corporel et nuances culturelles

La communication non verbale est importante : la culture féroïenne valorise un comportement sobre et courtois. Faites attention aux indices non verbaux tels que les gestes de la main, les expressions faciales et l'espace personnel. Le respect de l'étiquette locale favorise des relations saines et évite les malentendus.

Humour et franchise : l'humour féroïen peut être subtil et sec, contrairement à d'autres cultures. La communication directe est habituelle, alors ne vous en inquiétez pas.

La technologie comme pont :

Programmes de traduction : pour la communication de base et l'interprétation des signes, utilisez des programmes de traduction tels que Google Translate ou Microsoft Translator. N'oubliez pas que ces outils ont des limites, alors utilisez-les comme complément et non comme substitut à une véritable connexion.

Ressources en ligne : de nombreuses ressources en ligne et sites Web fournissent des informations sur la langue et la culture féroïennes. Explorez-les pour vous faire une meilleure idée et planifier vos vacances.

Au delà des mots:

Participez à des événements locaux : assister à des événements culturels, à des festivals et à des rassemblements traditionnels vous plonge dans la langue et vous offre des opportunités non verbales de dialoguer avec la communauté.

Soutenez les entreprises locales : la visite des magasins, des restaurants et des entreprises locales entraîne fréquemment des interactions avec des locuteurs natifs. Acceptez cette opportunité de pratiquer vos nouveaux mots féroïens et d'apprendre des locaux.

Embrassez le voyage :

N'oubliez pas qu'apprendre une nouvelle langue demande du temps et des efforts. Ne vous laissez pas décourager par des erreurs ou des compétences insuffisantes. Considérez la langue comme un voyage plutôt que comme une destination. Acceptez le processus d'apprentissage, soyez sensible aux différences culturelles et utilisez les ressources disponibles pour combler le fossé de communication. Ce faisant, vous acquerrez une meilleure connaissance des îles Féroé et nouerez des relations significatives avec ses habitants, rendant votre voyage unique.

Conseils de sécurité

Les îles Féroé, avec leurs paysages spectaculaires, leurs villages pittoresques et leur culture distincte, attirent les aventuriers à la recherche d'une expérience exceptionnelle. Cependant, comme pour toute expédition, la planification et l'attention sont essentielles. Voici une référence détaillée sur les mesures de sécurité pour une visite agréable et sans souci aux îles Féroé :

Navigation sur le terrain :

Respectez le pouvoir de la nature : Les îles Féroé offrent des panoramas à couper le souffle, mais ils peuvent aussi être inattendus. De fortes rafales, des changements météorologiques inattendus et des terrains dangereux sont courants. Vérifiez toujours les prévisions météorologiques, habillez-vous en conséquence et sélectionnez les itinéraires adaptés à votre niveau de compétence.

Soyez attentif aux marées : lorsque vous visitez des zones côtières, soyez attentif aux marées pour éviter d'être pris au dépourvu par la montée des eaux. Consultez les horaires des marées et organisez vos activités en conséquence.

Respectez la faune : même si voir des moutons et des macareux est merveilleux, gardez une distance de sécurité. Ne pas approcher ni déranger les animaux ; c'est pour leur et votre sécurité.

Sécurité routière:

Conduisez de manière défensive : les routes des îles Féroé peuvent être petites, sinueuses et comporter des tunnels à une seule voie. Conduisez doucement, soyez conscient de la circulation qui approche et cédez le passage aux moutons sur la route ! Les phares sont obligatoires à tout moment.

Respectez les limitations de vitesse. Respectez scrupuleusement les limitations de vitesse, notamment dans les villages et sur les petites routes. N'oubliez pas que le dépassement de la limite de vitesse est l'infraction la plus répandue aux Îles Féroé.

Aux îles Féroé, les moutons ont la priorité ! Soyez particulièrement prudent dans les virages aveugles, dans l'obscurité et à l'aube lorsque la visibilité est limitée.

Planifiez votre voyage : les transports publics sont fiables, mais limités en dehors des grandes villes. Si vous louez un véhicule, planifiez votre itinéraire à l'avance et gardez à l'esprit la distance entre les agglomérations.

Conseils généraux de sécurité :

Soyez prêt : familiarisez-vous avec les numéros d'urgence (112 pour toutes les situations) et les mots de base en féroïen pour demander de l'aide.

Faites vos valises de manière appropriée : Préparez-vous à des conditions météorologiques variables. Habillez-vous en plusieurs couches, portez des chaussures solides et emportez un équipement imperméable. Même si le temps est maussade, pensez à emporter de la crème solaire et des lunettes de soleil.

Restez connecté : informez vos amis et votre famille de votre projet et laissez vos coordonnées aux fournisseurs d'hébergement. Pensez à emporter une balise de localisation personnelle dans les régions isolées.

Respectez les coutumes locales : soyez conscient des coutumes et traditions locales. Lorsque vous visitez des églises, habillez-vous modestement et ne faites pas de mal aux animaux ou aux propriétés privées.

Souscrire une assurance voyage : Il est fortement conseillé de souscrire une assurance voyage pour couvrir les urgences médicales, les annulations de voyage et les situations inattendues.

Conseils supplémentaires :

Téléchargez l'application « 112 Emergency App » pour accéder rapidement aux informations d'urgence.

Pensez à acheter une carte SIM locale pour les données mobiles, en particulier dans les endroits éloignés.

Emportez de l'argent liquide en guise de réserve, car les paiements par carte ne sont pas acceptés partout.

Achetez la « Welcome Card » pour bénéficier d'économies sur les transports en commun et les activités.

Méfiez-vous des risques possibles tels que les roches meubles sur les sentiers de randonnée et les forts courants océaniques lors de la baignade.

En suivant ces consignes de sécurité et en faisant preuve de bon sens, vous pourrez vivre une expérience sûre et agréable dans les îles Féroé à couper le souffle. N'oubliez pas que la préparation et la sensibilisation sont vos meilleures armes pour découvrir la beauté naturelle et la culture distincte de cette île passionnante. Maintenant, faites vos bagages, adoptez l'esprit d'aventure et partez pour votre incroyable voyage aux îles Féroé !

Phrases féroïennes essentielles pour votre voyage

Si l'anglais est généralement parlé dans les zones touristiques, connaître quelques mots de base en féroïen améliorera considérablement votre expérience aux îles Féroé. Voici quelques phrases utiles pour commencer :

Salutations:

Salut)

Bonjour

Bonne journée

Bonjour

Bonne soirée

Bénis (au revoir)

Vitast lít til (à plus tard)

Essentiel:

Merci

Accueillir

Mon nom est...

Par exemple Skil ikki (je ne comprends pas)

Où est...? (Où est...?)

Vous démarrez Enskt ? (Parles-tu anglais?)

Aide! (Aide!)

Túsund takk (Merci beaucoup)

Dans les restaurants :

Carte de menu (Menu)

Un verre d'eau, s'il vous plaît

La nourriture est bonne

Est-ce cher (Est-ce cher?)

L'addition s'il vous plait

Achats:

Hesa myntin (Combien ça coûte ?)

puis-je avoir le petit (Puis-je en avoir un petit ?)

Je le prends

La carte est-elle valide ? (Acceptez-vous les cartes ?)

Se déplacer :

Où est le prochain arrêt de bus ? (Où est le prochain arrêt de bus ?)

Puis-je prendre un taxi, seriez-vous si gentil ? (Puis-je prendre un taxi, s'il vous plaît ?)

Hesa est-ce jusqu'à...? (Quelle est la distance jusqu'à...?)

Conseils supplémentaires :

La prononciation peut être difficile, alors ne vous souciez pas de la perfection. Les locaux applaudissent le travail !

De nombreux sites proposent en ligne des guides de conversation et des instructions de prononciation en féroïen.

Utilisez des outils comme Google Translate pour des traductions simples et une assistance.

Plus important encore, amusez-vous et saisissez l'opportunité d'apprendre une nouvelle langue !

N'oubliez pas que même quelques mots simples peuvent grandement contribuer à rendre votre expérience féroïenne plus agréable et culturellement intéressante. Alors n'hésitez plus, pratiquez votre féroïen et soyez prêt à épater les locaux !

Contacts d'urgence

Numéro d'urgence:

112 : Il s'agit du numéro d'urgence universel pour toutes les formes d'urgence aux Îles Féroé, y compris la police, les ambulances et les pompiers. Vous pouvez appeler le 112 depuis n'importe quel téléphone, même sans carte SIM.

Contacts d'urgence supplémentaires :

Police : +298 1212

Ambulance : +298 144

Pompiers : +298 110

Sauvetage en mer : +298 141

Secours en montagne : +298 423192

Hôpital : +298 304000

Centre antipoison : +45 8212 8700 (Danemark)

Application d'informations d'urgence :

Téléchargez l'application « 112 Emergency » pour accéder facilement aux informations d'urgence, au partage de position et aux appels directs aux services d'urgence. Ce logiciel est accessible en plusieurs langues, dont l'anglais.

Conseils supplémentaires :

Enregistrez ces numéros d'urgence sur votre téléphone avant votre voyage.

Si vous avez besoin d'aide, parlez lentement et clairement lorsque vous appelez les services d'urgence.

Si vous ne parlez pas féroïen, essayez d'utiliser l'anglais ou utilisez des gestes pour expliquer vos besoins.

Si vous ne savez pas quel service d'urgence contacter, vous pouvez toujours appeler le 112 et ils vous dirigeront vers le bon service.

Rester en sécurité:

Suivez les conseils de sécurité fournis dans mes commentaires précédents pour garantir un voyage sûr et agréable vers les îles Féroé.

Soyez attentif à votre environnement et veillez à éviter les accidents.

Respectez la culture et les traditions locales.

En étant préparé et conscient, vous pouvez réduire le risque de faire face à des situations d'urgence et profiter au maximum de votre expérience féroïenne.

Communication et accès Internet

S'aventurer dans les paysages époustouflants et les jolis villages des îles Féroé offre un voyage incroyable. Mais rester en contact avec ses proches, gérer ses voyages et obtenir des informations dépendent tous d'une bonne communication et d'une connectivité Internet fiable. Voici un guide complet pour rester connecté tout au long de votre escapade aux Îles Féroé :

Couverture de téléphonie mobile :

La plupart des principaux réseaux mobiles fonctionnent aux îles Féroé, offrant une couverture décente dans les régions habitées. Vérifiez d'abord auprès de votre opérateur pour vérifier les tarifs d'itinérance et les forfaits de données.

Les cartes SIM locales peuvent être achetées dans les aéroports, les dépanneurs et les magasins de télécommunications. Pensez à acheter une carte SIM locale à des tarifs abordables et à des forfaits de données adaptés aux voyages à court terme.

Rester en contact:

Appels et SMS : appeler à l'étranger peut être coûteux, alors utilisez des programmes d'appel en ligne comme WhatsApp, Viber ou Skype lorsque le Wi-Fi est disponible.

Médias sociaux : les réseaux sociaux les plus importants fonctionnent parfaitement aux Féroé. Méfiez-vous des éventuels coûts d'utilisation des données, notamment en voyage.

Accès Internet:

Couverture omniprésente : Les îles Féroé disposent d'un réseau de fibre optique contemporain, ce qui permet une connectivité Internet omniprésente dans tout l'archipel. Même les communautés rurales disposent d'une connexion adéquate.

Hébergement : attendez-vous à une connexion Wi-Fi gratuite dans la plupart des hôtels, maisons d'hôtes et auberges. Les cafés, les restaurants et les centres d'informations touristiques proposent également parfois une connexion Wi-Fi.

Wi-Fi public : des points d'accès Wi-Fi publics gratuits et limités sont accessibles dans les grandes villes et villages. Pensez à vous procurer une carte SIM locale avec des données pour un accès plus constant.

Note importante:

L'utilisation des données lors d'un voyage à l'étranger peut s'avérer coûteuse. Évaluez soigneusement votre forfait de données et envisagez d'acquérir des forfaits de données supplémentaires si nécessaire.

Méthodes de communication alternatives :

Services de courrier : Le service de courrier des îles Féroé est digne de confiance et offre un moyen traditionnel de contacter vos proches restés chez vous. Achetez des timbres dans les bureaux de poste, les dépanneurs ou les centres d'information touristique.

Téléphones publics : bien que moins répandus, les téléphones publics peuvent être disponibles dans certains espaces publics et offrir une option de communication alternative en cas de crise.

Conseils et recommandations :

Téléchargez des cartes hors ligne et des applications clés : cela garantit que vous avez accès à la navigation et aux informations même sans connexion Internet.

Informez les gens de vos projets de voyage : partagez votre itinéraire et vos coordonnées avec vos proches avant votre voyage.

Soyez conscient de l'utilisation des données : surveillez votre utilisation des données et évitez de diffuser ou de télécharger des fichiers volumineux jusqu'à ce que vous soyez connecté au Wi-Fi.

Profitez de l'expérience hors ligne : déconnectez-vous et plongez dans les paysages à couper le souffle et la culture distinctive des îles Féroé.

En connaissant la situation des communications et d'Internet aux îles Féroé, vous pouvez rester connecté, organiser correctement vos vacances et créer des souvenirs impérissables tout en profitant des opportunités de désintoxication numérique qu'offre cette île isolée. Alors, faites vos valises, profitez du voyage et connectez-vous avec l'enchantement des îles Féroé !

Installations sanitaires et médicales

Les îles Féroé, avec leurs paysages magnifiques et leur culture vivante, attirent les touristes en quête d'expériences uniques. S'il est vital de s'immerger dans cette beauté lointaine, reconnaître les choix en matière de soins de santé permet de passer des vacances sans souci. Voici un aperçu complet des institutions médicales et des soins de santé aux îles Féroé :

Système de soins de santé:

Financement public : Les îles Féroé disposent d'un système de santé universel, comparable à celui des autres pays nordiques. Les résidents et les touristes ont accès à des soins médicaux de qualité supérieure à des prix abordables.

Hôpital national : Tórshavn, la capitale, abrite l'hôpital national, offrant une grande variété de services spécialisés. Des hôpitaux plus petits existent à Klaksvík et Suðuroy, dispensant des soins médicaux essentiels.

Soins primaires : les cliniques de santé locales autour des îles offrent des services de soins primaires, notamment des consultations, des médicaments et des soins préventifs.

Accès aux soins médicaux :

Carte européenne d'assurance maladie (CEAM) : Si vous êtes citoyen de l'UE, avoir sur vous votre CEAM vous permet d'avoir besoin de soins médicaux tout au long de votre séjour, sous réserve des limitations locales.

Assurance voyage : Il est fortement conseillé de souscrire une assurance voyage complète couvrant les urgences médicales, même avec une CEAM.

Soins d'urgence : composez le 112 pour toute situation mettant la vie en danger. Les services d'urgence sont efficaces et facilement accessibles.

Non-urgences : contactez votre hébergement ou l'établissement de santé local pour les besoins médicaux non urgents. Ils peuvent vous conseiller vers l'institution ou le médecin approprié.

Coûts et paiement :

Santé publique : les coûts pour les résidents et les titulaires d'une CEAM sont faibles et couvrent principalement le ticket modérateur pour les médicaments et les consultations.

Soins de santé privés : Des cliniques privées et des experts existent, mais les services sont chers. Assurez-vous que votre assurance voyage couvre ces dépenses si nécessaire.

Pharmacies : Plusieurs pharmacies autour des îles fournissent des médicaments. Apportez toujours vos ordonnances de chez vous si vous dépendez de certains médicaments.

Langue et communication :

L'anglais est largement parlé dans les établissements de santé, notamment dans les lieux touristiques. Cependant, apprendre des mots simples en féroïen pourrait être utile.

Pensez à apporter un guide de conversation ou à utiliser des applications de traduction comme Google Translate pour une conversation plus fluide.

Conseils supplémentaires :

Emportez vos médicaments essentiels : apportez suffisamment de médicaments sur ordonnance pour vos vacances, ainsi que des copies des ordonnances.

Vaccinations : vérifiez auprès de votre médecin quels sont les vaccins requis avant de vous rendre visite.

Soyez attentif aux activités de plein air : habillez-vous correctement en fonction de la météo et soyez conscient des dangers possibles, notamment les terrains accidentés et les interactions avec les animaux.

Respecter les coutumes locales : Soyez sensible aux normes culturelles, en particulier dans les établissements de soins de santé.

Numéros d'urgence:

Services d'urgence : 112

Police : 1212

Ambulances : 144

Hôpital : +298 304000

En connaissant le système de santé et les services accessibles, vous pouvez garantir un voyage sûr et sain aux îles Féroé.

N'oubliez pas que la préparation et la sensibilisation sont cruciales pour vous permettre de vous immerger complètement dans le charme de cet archipel unique !

Coutumes et étiquette locales

Aventurez-vous dans les îles Féroé et vous serez fasciné par les paysages époustouflants, les villages pittoresques et la culture distincte. Mais pour s'immerger complètement et garantir une rencontre courtoise, connaître les traditions et l'étiquette locales est vital. Voici votre guide pour naviguer sur le terrain social des Féroé :

Salutations et interactions :

Respectueux et réservé : La culture féroïenne a tendance à être réservée et courtoise. Ne vous attendez pas à des salutations trop enthousiastes : les poignées de main sont populaires, mais les câlins sont réservés aux amis proches et à la famille.

Espace personnel : Maintenez un espace personnel confortable, en particulier lors des premiers contacts.

Initier la conversation : Même si les habitants sont gentils et hospitaliers, ils n'entament pas toujours une conversation avec les nouveaux arrivants. N'hésitez pas à briser la glace avec un agréable « hei » (bonjour) ou « góðan dagin » (bonne journée).

Code vestimentaire:

L'aspect pratique règne : habillez-vous en fonction des conditions météorologiques imprévisibles : des couches, des chaussures solides et un équipement imperméable sont essentiels. La fonctionnalité l'emporte souvent sur la formalité dans la vie quotidienne.

Tenue vestimentaire respectueuse : lorsque vous visitez des églises ou assistez à des événements culturels, optez pour des vêtements modestes qui couvrent les épaules et les genoux.

Adoptez le style local : Si vous souhaitez vous intégrer, des pulls en laine, des pantalons confortables et des chaussures pratiques sont votre choix.

Donner en cadeau:

Inattendu, mais bienvenu : les cadeaux ne constituent pas un élément majeur de la société féroïenne, mais ils sont toujours les bienvenus. Les petits gestes comme les collations locales, les souvenirs ou les objets artisanaux sont excellents.

Invitations : si vous êtes invité dans une résidence à proximité, apportez un petit cadeau comme des fleurs, des chocolats ou une bouteille de vin. N'oubliez pas que la rapidité est appréciée.

Étiquette à manger :

Profitez de l'expérience communautaire : les repas sont souvent considérés comme des événements sociaux, alors détendez-vous, profitez de la conversation et ne vous attendez pas à un service rapide.

Essayez les spécialités locales : soyez courageux et découvrez les spécialités féroïennes : le saumon fumé, le poisson séché et l'agneau sont des sélections populaires.

Respecter les portions : Ne vous sentez pas obligé de manger tout ce qu'il y a dans votre assiette. Les portions ont tendance à être généreuses, alors soyez prudent et évitez le gaspillage alimentaire.

Pourboires : le pourboire n'est pas obligatoire, même s'il est apprécié de donner un modeste pourboire pour un bon service. Arrondir la facture ou laisser 5 à 10 % est typique.

Sensibilité culturelle:

La nature est sacrée : Les Féroïens respectent leur environnement pur. Respecter les milieux naturels, prévenir la pollution et mettre en œuvre des pratiques touristiques responsables.

Observation du dimanche : les dimanches sont souvent des jours calmes aux Féroé. De nombreux magasins et entreprises sont fermés, alors préparez-vous en conséquence.

Macareux et animaux : Respectez les animaux en gardant une distance de sécurité et en ne nuisant pas à leur environnement. La photographie doit être réalisée de manière responsable et sans gêner les animaux.

Ouverture et curiosité : posez des questions avec respect et une réelle curiosité. Les habitants accueillent les invités qui démontrent le désir de connaître leur culture et leurs coutumes.

En acceptant ces subtilités culturelles et en adoptant de bonnes manières, vous voyagerez non seulement facilement aux Îles Féroé, mais vous établirez également des relations bénéfiques avec ses habitants chaleureux et accueillants. N'oubliez pas qu'un peu de compréhension culturelle contribue grandement à améliorer votre expérience et à avoir une bonne impression de ce lieu unique.

Applications utiles, liens de cartes en ligne et sites Web

S'aventurer dans les îles Féroé offre une expérience incroyable grâce à des paysages époustouflants, de jolis villages et une culture distincte. Mais pour améliorer correctement votre expérience, il est essentiel de disposer des bons outils numériques à portée de main. Voici votre référence complète d'applications pratiques, de connexions cartographiques en ligne et de sites Web pour parcourir les Féroé comme un pro :

Applications essentielles :

Visitez les îles Féroé : l'application touristique officielle fournit des informations détaillées sur les attractions, les événements, les hôtels, les transports et bien plus encore. Il fournit également des outils essentiels comme une carte hors ligne et un guide de conversation.

Application d'urgence 112 : téléchargez cette application pour un accès rapide aux services d'urgence, au partage de position et à des informations cruciales dans plusieurs langues.

Maps.me : cet outil cartographique hors ligne vous permet de télécharger des cartes complètes des îles Féroé pour naviguer sans connexion Internet.

Google Translate : dépassez les frontières linguistiques avec ce programme de traduction, doté de fonctions de traduction et de guide de conversation en temps réel.

Convertisseur de devises XE : restez au courant des taux de change et convertissez les devises simplement avec cet outil convivial.

Cartes et ressources en ligne :

Visitez le site Web des îles Féroé : plongez en profondeur dans les îles Féroé avec ce site Web, comprenant des informations détaillées sur les lieux, les activités, les outils de planification et les recommandations de voyage. (https://visitfaroeislands.com/)

Carte touristique des îles Féroé : explorez une carte interactive présentant les principales attractions, villes et alternatives de transport en commun.

Leadroam : ce site Web fournit des informations détaillées sur les alternatives d'itinérance de données mobiles aux îles Féroé, vous aidant à choisir le forfait le mieux adapté à vos besoins.

Strandfaraskip : planifiez vos voyages en ferry entre les îles via le site officiel de l'opérateur de ferry féroïen Strandfaraskip.

Sites Web supplémentaires :

Faroeis.fo : le site officiel du gouvernement des îles Féroé, donnant un aperçu de l'histoire, de la culture et de l'actualité des îles.

Mes îles Féroé résidentes : ce blog rédigé par un résident féroïen présente des informations uniques, des trésors cachés et des recommandations d'initiés pour vos vacances.

ÚS à Føroyum : découvrez les événements locaux, les festivals et les événements culturels avec ce site Web présentant le riche paysage culturel des îles Féroé.

Souviens-toi:

Téléchargez des applications importantes et des cartes hors ligne avant vos vacances pour éviter les coûts d'utilisation des données.

Ajoutez des sites Web précieux à vos favoris pour un accès pratique à la volée.

Adoptez les outils modernes, mais n'oubliez pas de vous détacher et de vous immerger dans le charme des îles Féroé !

En vous armant de ces outils numériques, vous pourrez parcourir les îles Féroé en toute confiance, trouver des trésors cachés et vivre des expériences qui dureront toute une vie. Alors faites vos bagages, téléchargez vos applications et préparez-vous pour un incroyable voyage aux îles Féroé !

CHAPITRE HUIT
Durabilité et voyage responsable

Les îles Féroé, avec leurs paysages spectaculaires, leurs villages pittoresques et leur culture distincte, attirent les touristes en quête d'une expérience exceptionnelle. Mais l'augmentation du tourisme s'accompagne de l'obligation de faire preuve de prudence et de garantir que cette île magnifique reste intacte pendant des siècles. Voici votre guide des habitudes de voyage durables et responsables aux îles Féroé :

Respecter l'environnement naturel :

Ne laisser aucune trace : minimisez votre influence en adhérant aux directives « ne laisser aucune trace ». Emballez tous vos déchets, évitez de déranger les animaux et restez sur les sentiers agréés.

Respecter la flore et la faune locales : apprécier l'équilibre fragile de l'environnement. Ne cueillez pas les fleurs, n'endommagez pas les plantes et n'interférez pas avec les habitats des animaux. Observez les animaux à distance respectueuse et évitez de les déranger.

Activités durables : choisissez des activités qui minimisent les effets environnementaux. Optez pour la randonnée, le vélo, l'observation des oiseaux ou le kayak plutôt que les choix motorisés dans la mesure du possible.

Pêche responsable : Si vous souhaitez pêcher, obtenez les autorisations appropriées et respectez la législation locale pour garantir des techniques de pêche durables.

Minimiser votre empreinte carbone :

Voyagez intelligemment : utilisez les transports en commun comme les bus et les ferries chaque fois qu'ils sont disponibles. Pensez à explorer à vélo ou à pied pour des distances plus courtes.

Pack Light : Réduisez le poids des bagages pour des vols plus économes en énergie et limitez la dépendance à la mobilité motorisée à l'intérieur des îles.

Économie d'énergie : Soyez conscient de votre consommation d'énergie dans l'hébergement. Éteignez les lumières et les appareils lorsqu'ils ne sont pas utilisés et choisissez des douches plus courtes.

Soutenez les entreprises respectueuses de l'environnement : choisissez des hôtels et des voyagistes dédiés aux méthodes environnementales, telles que l'utilisation d'énergies renouvelables, la minimisation des déchets et l'approvisionnement local.

Respecter la culture et les communautés locales :

Habillez-vous modestement : soyez conscient des normes locales et habillez-vous modestement lorsque vous visitez les églises et les communautés traditionnelles.

Soutenez les entreprises locales : achetez des souvenirs et des articles directement auprès des artisans et commerçants locaux, contribuant ainsi au bien-être économique de la communauté.

Apprenez le féroïen simple : apprendre quelques mots simples démontre le respect de la langue et de la culture locales. Pensez à prendre un guide de conversation ou à utiliser des applications de traduction.

S'engager avec respect : Faites attention aux niveaux de bruit et à votre conduite dans les lieux publics. Soyez respectueux des coutumes et traditions locales et demandez la permission avant de prendre des photos de personnes ou de propriétés privées.

Conseils supplémentaires :

Renseignez-vous : découvrez les préoccupations environnementales et culturelles des îles Féroé avant votre voyage.

Compensez votre empreinte carbone : pensez à compenser vos émissions de voyage via des organisations fiables.

Sensibiliser : partagez vos expériences de voyage durable et encouragez les autres à adopter des comportements éthiques.

En voyageant judicieusement et en adoptant le développement durable, vous pouvez découvrir les îles Féroé avec peu d'effet, maintenir le bien-être de ses habitants et conserver sa beauté distinctive pour les générations futures. N'oubliez pas que voyager responsable ne consiste pas seulement à limiter votre impact, mais également à améliorer votre expérience en vous connectant avec l'âme du lieu et ses habitants. Alors, faites vos bagages avec soin, choisissez des pratiques écologiques et lancez-vous dans une merveilleuse aventure qui vous aidera, ainsi que les îles Féroé.

Efforts de conservation de l'environnement

Les îles Féroé se trouvent à la croisée des chemins. Leurs paysages époustouflants et leur culture distinctive attirent de plus en plus de touristes, mais la nécessité de préserver leur environnement délicat devient encore plus urgente. Heureusement, de nombreux projets de conservation exceptionnels sont en cours, tentant d'allier tradition et durabilité :

Protéger la vie marine :

Pêche durable : des limites et des règles strictes contrôlent les activités de pêche, dans le but de maintenir des populations de poissons saines et de conserver les écosystèmes.

Observation des baleines et des dauphins : les opérateurs responsables adhèrent à des procédures strictes pour réduire les perturbations et garantir des rencontres éthiques avec les cétacés.

Aires marines protégées : Plusieurs aires protégées offrent des sanctuaires aux espèces fragiles et permettent aux écosystèmes marins de se reconstruire sans être perturbés.

Préserver la biodiversité :

Gestion des terres : les programmes de restauration combattent l'érosion des sols et encouragent les espèces végétales indigènes. Les initiatives protègent les oiseaux marins en voie de disparition et d'autres animaux essentiels.

Parcs naturels : les zones protégées désignées couvrent divers paysages, offrant des refuges à la flore et à la faune indigènes et favorisant des loisirs responsables.

Recherche et surveillance : Les programmes de recherche en cours explorent l'influence du changement climatique et des activités humaines sur les écosystèmes, orientant les mesures de conservation.

Réduire l'empreinte carbone :

Énergie renouvelable : l'énergie éolienne et hydroélectrique contribue considérablement au mix énergétique, réduisant ainsi la dépendance aux combustibles fossiles. Les initiatives visent une croissance accrue des énergies renouvelables.

Transports respectueux de l'environnement : les choix d'automobiles électriques et de transports publics sont poussés à minimiser les émissions liées aux transports.

Efficacité énergétique : les initiatives encouragent les pratiques économes en énergie dans les ménages et les entreprises, minimisant ainsi la consommation totale d'énergie.

Sensibilisation et engagement communautaire :

Éducation environnementale : les initiatives d'éducation du public soulignent l'importance de la conservation et promeuvent une bonne conduite parmi les résidents et les touristes.

Initiatives locales : de nombreux efforts communautaires ciblent la pollution plastique, la gestion des déchets et les pratiques durables dans les villages et les villes.

Collaboration : La collaboration entre les agences gouvernementales, les entreprises et les ONG soutient les efforts de coopération pour atteindre les objectifs environnementaux.

Défis et opportunités:

Équilibrer les pratiques écologiques avec la tradition et les exigences économiques est une affaire délicate. Les projets en cours tentent de :

Soutenir les communautés de pêcheurs durables : trouver des stratégies pour garantir la durabilité économique des communautés de pêcheurs tout en soutenant des pratiques durables.

Minimiser l'impact touristique : gérer l'expansion touristique de manière responsable pour éviter de dépasser la capacité de charge et de nuire aux habitats.

Autonomiser les communautés locales : impliquer activement les communautés locales dans les initiatives de conservation et garantir qu'elles bénéficient de pratiques durables.

Les activités de conservation de l'environnement des îles Féroé témoignent d'un engagement à conserver leur beauté naturelle et à garantir un avenir durable. Même si des obstacles existent, la combinaison de connaissances traditionnelles, de solutions créatives et de participation communautaire ouvre la voie à l'espoir. En soutenant ces initiatives et en pratiquant un voyage responsable, les touristes peuvent contribuer à maintenir le charme des îles Féroé pour les décennies à venir.

Pratiques touristiques responsables

Les paysages spectaculaires des îles Féroé, leurs communautés pittoresques et leur culture vivante attirent les touristes intrépides à la recherche d'un voyage mémorable. Mais l'augmentation du tourisme s'accompagne du devoir de faire preuve de douceur et de garantir que cet archipel exquis reste intact. En adoptant des pratiques touristiques responsables, vous pourrez enrichir votre expérience personnelle tout en contribuant au bien-être de la destination et de sa communauté. Voici votre approche pour rendre votre voyage féroïen durable :

Sensibilité environnementale :

Ne laissez aucune trace : Emballez tous vos déchets, évitez de déranger les animaux et restez sur les sentiers autorisés. N'oubliez pas qu'il est essentiel de réduire votre influence pour préserver la beauté naturelle de l'environnement.

Respecter la flore et la faune locales : apprécier l'équilibre fragile de l'environnement. Ne cueillez pas les fleurs, n'endommagez pas les plantes et n'interférez pas avec les habitats des animaux. Soyez un observateur responsable, en gardant une distance respectueuse avec les animaux.

Choisissez des activités durables : optez pour des activités qui réduisent les effets environnementaux, notamment la randonnée, le vélo, l'observation des oiseaux ou le kayak. Optez pour des choix à propulsion humaine plutôt que des excursions motorisées lorsque cela est possible.

Soutenez les entreprises respectueuses de l'environnement : choisissez des hôtels et des voyagistes dédiés aux méthodes environnementales, telles que l'utilisation d'énergies renouvelables, la minimisation des déchets et l'approvisionnement local. Recherchez des certificats ou renseignez-vous sur leurs activités environnementales.

Respect culturel et engagement communautaire :

Habillez-vous modestement : soyez conscient des normes locales et habillez-vous modestement lorsque vous visitez les églises et les communautés traditionnelles. Le respect des traditions locales démontre votre admiration pour leur culture.

Soutenez les entreprises locales : achetez des souvenirs et des articles directement auprès des artisans et des magasins locaux.

Contribuer à l'économie locale renforce les communautés et préserve le patrimoine culturel.

Apprenez les bases du féroïen : apprendre quelques mots fondamentaux montre le respect de la langue et développe de véritables interactions. Pensez à prendre un guide de conversation ou à utiliser des applications de traduction.

S'engager avec respect : Faites attention aux niveaux de bruit et à votre comportement dans les lieux publics. Soyez respectueux des coutumes et traditions locales et demandez la permission avant de prendre des photos de personnes ou de propriétés privées.

Minimiser votre empreinte :

Voyagez intelligemment : utilisez les transports en commun comme les bus et les ferries chaque fois qu'ils sont disponibles. Pensez à explorer à vélo ou à pied pour des distances plus courtes. Optez pour des automobiles électriques ou des programmes de covoiturage lorsque vous louez une voiture.

Pack Light : Réduisez le poids des bagages pour des vols plus économes en énergie et limitez la dépendance à la mobilité motorisée à l'intérieur des îles. Choisissez des vêtements et des équipements variés.

Économie d'énergie : Soyez conscient de votre consommation d'énergie dans l'hébergement. Éteignez les lumières et les appareils lorsqu'ils ne sont pas utilisés et choisissez des douches plus courtes. Soutenez les hôtels verts qui favorisent l'efficacité énergétique.

Compensez votre empreinte carbone : envisagez de compenser vos émissions de voyage via des organisations dignes de confiance qui investissent dans les énergies renouvelables ou dans les programmes de reforestation.

Conseils supplémentaires :

Renseignez-vous : découvrez les préoccupations environnementales et culturelles des îles Féroé avant votre voyage. Familiarisez-vous avec les normes locales et les meilleures pratiques.

Sensibiliser : partagez vos expériences de voyage responsable et incitez les autres à adopter des comportements durables. Soyez un défenseur du tourisme conscient.

Soyez ouvert d'esprit : saisissez l'occasion d'en apprendre davantage sur le mode de vie, les coutumes et les problèmes des îles Féroé. Appréciez les distinctions et évitez les comparaisons dures.

En mettant en œuvre ces pratiques touristiques responsables, vous pouvez garantir que votre voyage aux îles Féroé soit non seulement agréable pour vous-même, mais qu'il ait également une bonne influence sur l'environnement et les personnes. N'oubliez pas que les voyages éthiques sont bien plus que de simples visites touristiques ; il s'agit d'apprendre et d'apprécier le paysage et la culture uniques que vous visitez. Alors, commencez votre aventure féroïenne avec conscience et respect, et créez des expériences qui résonneront à la fois en vous et en ce lieu pour les années à venir.

Andréa Frost

CONCLUSION

Les paysages spectaculaires, les belles communautés et la culture distinctive des îles Féroé envoûtent chaque visiteur. Que vous soyez attiré par les falaises balayées par les vents, les oiseaux abondants ou les gens chaleureux, cet archipel vous garantit un voyage mémorable. Mais alors que vous commencez votre voyage aux îles Féroé, sachez que toute beauté implique des responsabilités.

Tout au long de ce livre, nous avons abordé des stratégies pratiques pour naviguer dans les îles, de la compréhension des traditions locales au respect de l'environnement. En pratiquant un tourisme responsable, vous pouvez garantir que votre voyage profitera à vous et aux Îles Féroé :

Pour toi:

Souvenirs inoubliables : embrassez la culture distincte, interagissez avec la nature et créez des souvenirs durables qui dépassent les rencontres touristiques normales.

Des connexions plus approfondies : échangez avec les gens, découvrez leur mode de vie et obtenez une connaissance plus approfondie des îles au-delà de leurs magnifiques vues.

Impact positif : savoir que vous contribuez au bien-être de l'environnement et des communautés ajoute une dimension de but et de plaisir à votre aventure.

Pour les îles Féroé :

Durabilité environnementale : le tourisme responsable protège les écosystèmes sensibles, garantissant que leur beauté naturelle est conservée pour les générations futures.

Respect culturel : adopter les coutumes et traditions locales améliore la compréhension et l'admiration du mode de vie féroïen.

Développement communautaire : Soutenir les entreprises locales et les pratiques éthiques renforce les communautés et contribue à leur bien-être économique.

N'oubliez pas que voyager de manière éthique n'est pas une difficulté ; c'est une chance de découvrir les pays de manière plus honnête et de contribuer à leur brillant avenir. Lorsque vous préparez vos bagages pour les îles Féroé, portez votre attention, votre respect et votre détermination à être un voyageur responsable.

Voici quelques dernières idées pour guider votre aventure féroïenne :

Ne laissez aucune trace : minimisez votre influence sur l'environnement et rangez tous vos déchets. Traitez les îles avec respect comme votre jardin.

Faites preuve de curiosité : posez des questions, mêlez-vous aux habitants et plongez-vous dans la culture. Votre intérêt honnête serait chaleureusement apprécié.

Soutenez les entreprises locales : optez pour des hébergements, des restaurants et des entreprises locaux. Contribuer à leurs moyens de subsistance assure un avenir prospère aux îles.

Sensibiliser : partagez vos expériences de voyage éthiques et incitez les autres à emboîter le pas. Soyez un défenseur des voyages conscients.

Les îles Féroé attendent votre arrivée, désireuses de vous offrir de magnifiques paysages, des coutumes distinctives et un accueil chaleureux. En voyageant de manière éthique, vous pouvez garantir que votre visite sera non seulement satisfaisante pour vous-même, mais qu'elle laissera également un bon héritage à cet archipel unique. Alors, commencez votre voyage avec un cœur ouvert, une attitude réfléchie et un engagement envers le développement durable. Les îles Féroé vous récompenseront avec une expérience mémorable et des souvenirs qui dureront toute une vie.